O Estatuto do Idoso

ASPECTOS SOCIAIS, CRIMINOLÓGICOS E PENAIS

R613e Ritt, Caroline Fockink

O estatuto do idoso: aspectos sociais, criminológicos e penais / Caroline Fockink Ritt, Eduardo Ritt. – Porto Alegre: Livraria do Advogado Editora, 2008.

163 p.; 23 cm.

ISBN 978-85-7348-576-9

1. Idoso: Estatuto. 2. Idoso: Aspectos jurídicos. 3. Idoso: Violência doméstica. 4. Assistência à velhice. I. Ritt, Eduardo. II. Título.

CDU – 34:612.67

Índices para catálogo sistemático:

Idoso: Aspectos jurídicos
Idoso: Estatuto
Idoso: Violência doméstica
Assistência à velhice

(Bibliotecária responsável: Marta Roberto, CRB-10/652)

Caroline Fockink Ritt
Eduardo Ritt

O Estatuto do Idoso

ASPECTOS SOCIAIS, CRIMINOLÓGICOS E PENAIS

livraria DO ADVOGADO editora
Porto Alegre, 2008

Capa, projeto gráfico e diagramação
Livraria do Advogado Editora

Revisão
Rosane Marques Borba

Livraria do Advogado Editora Ltda.
Rua Riachuelo, 1338
90010-273 Porto Alegre RS
Fone/fax: 0800-51-7522
editora@livrariadoadvogado.com.br
www.doadvogado.com.br

Impresso no Brasil / Printed in Brazil

Se o mundo deve conter um espaço público, não pode ser construído apenas para uma geração e planejado somente para os que estão vivos: deve transcender a duração da vida de homens mortais.

ARENDT, H.
A condição humana

Aos nossos pais, pelo apoio incondicionado neste e noutros projetos de nossas vidas.

Agradecimentos

Qualquer estudo que se faça, por mais determinado e talentoso que seja o pesquisador, ou por mais persistência e vontade que se possa ter, necessita-se sempre de auxílio e contribuição. Ninguém é perfeito, e o homem só se completa na comunidade e na vida social, sempre numa missão de compreensão e de auxílio mútuo.

Também este trabalho, que exigiu muito esforço e muita vontade, necessitou do auxílio e da compreensão de muitas pessoas, sem as quais teria sido impossível concretizá-lo, pelo menos de forma satisfatória.

Agradecemos, inicialmente, aos professores e funcionários do Curso de Direito e do Mestrado em Direito da Universidade de Santa Cruz do Sul (UNISC), e, ainda, aos colegas do Ministério Público do Estado do Rio Grande do Sul, pelo apoio e pela amizade.

Nossos agradecimentos, ainda, à Livraria do Advogado Editora, na pessoa de seu Diretor Comercial, Walter Abel Filho, pela confiança depositada.

Por fim, agradecemos aos nossos familiares, pela compreensão, carinho e afeto, que nunca faltaram em nossas vidas.

Prefácio

Os autores da presente obra fazem uma análise criteriosa sobre a violência praticada contra os idosos no Brasil, e sobre a esteriotipificação negativa que a sociedade em geral faz dos mesmos, pela aplicação indiscriminada de rótulos de fragilidade e de senilidade. Sabemos que independentemente dos atributos e visões existentes sobre a velhice, a realidade mundial aponta uma elevação da expectativa média da vida humana, segundo dados e projeções populacionais da Organização das Nações Unidas (ONU), mostrando-nos a realidade de não estarmos preparados para lidar com tal situação, além de termos muita dificuldade para enfrentá-la.

Com muita propriedade, os autores referem que no Brasil não possuímos uma formação humanista de respeito e consideração para com o idoso. O que fazemos é tratá-los como objetos descartáveis e, o que é pior ainda, em muitos casos, além de toda a discriminação que sofrem no contexto social, ainda são vítimas de violência intrafamiliar. E isso é feito justamente por aquelas pessoas a quem ele se dedicou e amou por toda uma vida. São essas que mais o desprezam e o maltratam.

Nesse contexto, o Estatuto do Idoso é um instrumento de proteção aos direitos constitucionais, sendo, porém, necessário que haja um engajamento de toda a sociedade, a partir do poder local para criação de uma rede de atendimento e fiscalização no cumprimento dos direitos contidos nesse Estatuto.

Teremos que aprender a respeitar o idoso com suas histórias e fragilidades. É preciso refletir e encontrar uma nova forma de olhar esses problemas, para que possamos ser capazes de nos adaptar e captar a multidimensionalidade da realidade em que vivemos, pois um fato gera o outro e isso acaba virando uma rede de problemas que, por fim, geram incessantemente a exclusão social do idoso, um dos problemas mais sérios que afetam os direitos fundamentais de cidadania. Sabemos que a modernidade nos trouxe várias conseqüências que devem ser resolvidas, mas não podemos perder de vista a necessidade de uma melhor adaptação da sociedade à modernidade. Logo, a exclusão social do idoso deve ser combatida e enfrentada, não deixando que evolua cada vez mais com o passar dos anos. Esse problema deve ser amenizado de alguma forma. Para que o resultado seja percebido no futuro, devemos progredir socialmente, e não apenas economicamente.

Não podemos ficar assistindo como meros espectadores aos problemas sociais que envolvem os idosos. Faz-se necessário que tenhamos um novo olhar sobre as perspectivas da sociedade contemporânea, um olhar que seja capaz de confrontar pensamentos e idéias e nos auxiliem na busca de um mundo melhor, em que as expectativas e necessidades da população idosa de nosso país sejam respondidas.

A Constituição Federal de 1988, ao elencar os direitos sociais no rol dos Direitos e Garantias Fundamentais, expressou sua clara opção por um Estado Democrárico de Direito, sendo os objetivos constantes em seu artigo 3° os de construir uma sociedade livre, justa e igualitária, garantindo o desenvolvimento nacional, erradicando a pobreza e reduzindo as desigualdades sociais, tendo sempre como norte o fundamento maior da dignidade da pessoa humana. Porém, sabemos que, no caso específico da população idosa no Brasil, não basta a mera previsão legal. São necessárias a proteção e a promoção dos direitos sociais por meio de políticas públicas eficazes, pois os problemas são reais, estão aí para que todos vejam.

Sendo a Constituição de 1988 considerada um marco de abertura para um período de descentralização federativa em que houve um processo de redefinição de competências e de atribuições, ou seja, em que certas funções de gestão de políticas foram transferidas do governo federal para os municípios, nada mais justo do que a sociedade passar a ser co-autora no processo de tomada de decisões, como elemento ativo na formulação de políticas públicas de inclusão social do idoso. O município, portanto, possui competências exclusivas, cumulativas e, em diversos casos, a possibilidade do exercício de competência constitucional suplementar. A problemática da garantia dos direitos sociais dos idosos no Brasil encontra-se inevitavelmente unida ao tema das estratégias de políticas públicas e de medidas de sensibilização e educação, medidas no âmbito sanitário, medidas de seguridade, penais, processuais e judiciais – todas no âmbito da violência contra o idoso.

A superação da discriminação e da violência contra o idoso só será possível se nos esforçarmos pela conquista de uma igualdade material que supere a mera igualdade ante a lei. No Brasil, o caminho está aberto no próprio texto constitucional e no Estatuto do Idoso, ao estabelecerem que os poderes públicos devem promover as condições para que a liberdade e a igualdade dos indivíduos sejam reais e efetivas, sendo que a população idosa deseja apenas que seus direitos sociais sejam corretamente gestionados. O que buscam é um Estado justo e uma vida digna.

*Marli Marlene Moraes da Costa**

---

* Professora de Direito Civil e de Direito da Criança e do Adolescente/Graduação e do Programa de Pós-Graduação em Direito-Mestrado na Universidade de Santa Cruz do Sul – UNISC. Coordenadora do Centro de Estudos e Pesquisas Jurídicas – CEPEJUR – e Coordenadora do Grupo de Estudos Direito, Cidadania e Políticas Públicas na mesma Universidade. Psicóloga com Especialização em Terapia Familiar. Doutora em Direito pela Universidade Federal de Santa Catarina – UFSC. Pós-Doutora em Direito pela Universidade de Burgos - Espanha (conc. julho/2007).

Sumário

Apresentação

A maioria da população mundial passa por um processo de envelhecimento. E tal realidade não é somente percebida em países desenvolvidos, em toda a Europa e na América do Norte, mas também em países em desenvolvimento, como, por exemplo, no Brasil.

O avanço da ciência, não só prolongando a vida dos doentes, mas curando doenças consideradas graves ou letais, as políticas públicas de vacinação e de imunização, o acesso à informação e a conseqüente queda na taxa de natalidade nas famílias, contribuíram para que ocorresse tal fenômeno na atualidade, ou seja, o mundo está envelhecendo, está se transformando num "mundo idoso".[1]

Há, então, o chamado aumento na expectativa de vida, que permitirá a várias gerações viverem simultaneamente.

Recentemente, o Instituto Brasileiro de Geografia e Estatística (IBGE)[2] divulgou na mídia brasileira seu estudo denominado Revisão 2004 da Projeção da População, informando que, no início da década, o grupo de 0 a 14 anos representava 30% da população brasileira, enquanto os maiores de 65 anos eram apenas 5%, devendo, em 2050, os dois grupos se igualar em 18%.

Assim, conforme tais projeções trazidas pelo IBGE,[3] num futuro próximo haverá mais pessoas acima dos 50 anos do que abaixo dessa idade.

A expectativa média de vida do brasileiro ao nascer será de 81,3 anos, a mesma da população japonesa nos dias atuais. Além disso,

---

[1] Para o Estatuto do Idoso, criado pela Lei 10.741, de 1° de outubro de 2003, é considerada como idosa a pessoa com idade igual ou superior a 60 (sessenta) anos, nos termos do seu artigo 1°, num critério puramente biológico.

[2] INSTITUTO BRASILEIRO DE GEOGRAFIA E ESTATÍSTICA. Disponível em: <http://www.ibge.com.br/ home/presidencia/noticias/noticia_visualiza.php?id_noticia=207&id_pagina=1>. Acesso em: 12 nov. 2005.

[3] Ibidem, sem página.

se em 2000 o Brasil tinha 1,8 milhão de pessoas com 80 anos ou mais, em 2050 esse contingente poderá ser de 13,7 milhões, o que demonstra toda a importância que o idoso terá na sociedade brasileira, com repercussão cada vez maior nas políticas públicas.[4]

Ao mesmo tempo em que se observa tal realidade mundial e brasileira, conclui-se que há um despreparo muito grande para enfrentá-la e compreendê-la. Não se possui formação numa ótica humanista de respeito e consideração para com o idoso. A cultura, à qual se está inserido, em nossa realidade, é de culto ao corpo, da chamada "juventude eterna" e não há uma formação cultural para o envelhecimento, de compreendê-lo como acontecimento natural da vida, como também não há formação cultural de respeito à dignidade daquelas pessoas que já envelheceram.

Também, e como conseqüência dessa formação voltada ao culto ao corpo e à juventude eterna, se depara, com os alarmantes índices de violência contra o idoso e que esta é, quase na sua totalidade, doméstica e familiar.

Os índices oficiais[5] comprovam que a maioria dos casos de violência contra o idoso ocorre dentro de suas próprias casas e, ainda, que ele continue a sustentar seus filhos, netos ou muitas vezes toda a sua família, ele ainda é visto e tratado, não raras vezes, com desrespeito e desprezo por seus entes familiares. Estatísticas[6] mostram que os maiores agressores são seus familiares, ou mesmo pessoas que com ele convivem.

Essa realidade de violência doméstica e familiar[7] é resultado da cultura de "descarte do velho", em que sua utilidade, após a aposentadoria, se ainda existir, é somente para sustentar os demais filhos e, muitas vezes até netos, com os proventos da Previdência Social.

---

[4] INSTITUTO BRASILEIRO DE GEOGRAFIA E ESTATÍSTICA. Disponível em: <http:// www.ibge.com. br/ home/presidencia/noticias/noticia_visualiza.php?id_noticia=207&id_ pagina=1>. Acesso em: 12 nov. 2005.

[5] SERASA. Guia Serasa de orientação ao cidadão. Disponível em: <http://www.serasa.com. br/ guiaidoso/ 99. html.> Acesso em: 14 set. 2004. NÚCLEO DE INFORMAÇÃO AO IDOSO DO MS. Velhos sofrem violência em casa e nas ruas. Disponível em: <http://www.idoso. ms.gov.br/ artigo.asp?id=50.>. Acesso em: 14 set. 2004.

[6] COSTA, L.; CHAVES, P.G.S. *A vivência afetiva e a violência doméstica contra os idosos.* Disponível em: <http://www.mj.gov.br/senasp/biblioteca/artigos/artigo.doc.>. Acesso em: 02 fev. 2006.

[7] É importante estabelecer uma diferenciação entre violência doméstica e violência familiar. A primeira pode ser definida como sendo aquela que ocorre no ambiente doméstico em que vive o idoso, onde está inserido, não precisando ter como autores da agressão necessariamente familiares, mas, sim, vizinhos, cuidadores, ou, inclusive, pessoas que trabalham em casas geriátricas ou asilos. Já violência familiar, na presente dissertação, pode ser entendida como aquela que é praticada por familiares do idoso, seus filhos, netos, bisnetos, cônjuges ou companheiros, dentre outras pessoas que possuem ligação familiar com esta pessoa idosa.

A denúncia dos agressores também se torna para as vítimas idosas algo muito complicado, pois elas residem e não raras vezes dependem dos cuidados destes mesmos agressores.

Nesse sentido, considerando a atual cultura social de preconceito e desprezo ao idoso; do consumismo desenfreado, exaltando o descartável em nossa sociedade, bem como os graves índices de violência praticados contra os velhos, e, ao mesmo tempo, considerando o aumento significativo desta população no Brasil, tornando imprescindível assegurar a sua proteção e ao mesmo tempo a sua dignidade, será o Estatuto do Idoso instrumento eficaz e avançado para prevenir a violência doméstica e familiar da qual os idosos são vítimas?

Essa é a pergunta imprescindível para entender toda a problemática que envolve a violência contra o idoso e será o cerne do presente trabalho, que tem por objetivo analisar o Estatuto do Idoso como instrumento de proteção aos idosos contra a violência doméstica e familiar, como forma de prevenir e combatê-la.

A Constituição Federal de 1988, no seu artigo 230, prevê que a família, a sociedade e o Estado têm o dever de amparar as pessoas idosas. Posteriormente, com a aprovação do Estatuto do Idoso, criado pela Lei nº 10.741, de 1º de outubro de 2003, o legislador procurou regular a previsão constitucional, definindo quem é o idoso e estabelecendo medidas de proteção, inclusive na parte criminal, buscando a efetiva proteção contra a violência, inclusive através de políticas de atendimento para os familiares que as cometem, principalmente para os que possuem dependência de drogas e álcool.

O Estatuto, para alguns, passa a ser visto como um verdadeiro microssistema legal, até muito avançado para os padrões nacionais, determinando ao Estado, como um todo, e, principalmente, à sociedade, fazerem um trabalho de mudança de mentalidade, na busca da valorização do idoso, especialmente através da estrutura orçamentária para a efetivação de políticas públicas de proteção.

Determina a referida legislação, aos entes estatais, a prioridade absoluta no trato com o idoso, especificamente quanto a verbas orçamentárias, determinando-se que seja garantida, sempre, a dignidade do idoso. Protegê-lo da violência doméstica e familiar é uma das formas de garantia de sua dignidade humana, um dos fundamentos da República Federativa do Brasil.

A própria sociedade possui papel fundamental para que tais propostas realmente sejam efetivadas. A realização das políticas previstas no Estatuto, para a proteção do idoso contra a violência doméstica e familiar, em todas as suas formas, também preparará a sociedade, para que possa, finalmente, ocorrer uma mudança de mentalidade, como também, proporcionar ao idoso uma vida em que estejam garantidos seus direitos fundamentais e, principalmente, a sua dignidade como ser humano.

O trabalho proposto será desenvolvido em cinco capítulos. No primeiro, analisar-se-á o crescimento da população de idosos, numa realidade de preconceito e violência social, procurando verificar as causas de violência contra o idoso, em especial o problema da violência familiar e o asilamento como forma de agressão. Isto é importante para dimensionar a problemática e as suas conseqüências sociais e culturais.

No segundo capítulo, analisar-se-á a concepção de Humanismo, sua trajetória histórica e sua moderna compreensão, bem como a inter-relação entre Humanismo, Dignidade da Pessoa Humana e os Direitos Fundamentais na Constituição Federal de 1988, já que tal análise é imprescindível para compreender a situação do Idoso, seus direitos e sua dignidade, a fim de criar uma visão Humanista e verificar se a legislação constitucional e infraconstitucional existente no trato do Idoso é suficiente e adequada.

No terceiro capítulo, analisar-se-á o Brasil como um verdadeiro Estado Democrático de Direito, sendo tal análise imprescindível para um melhor entendimento de que o Estado Democrático de Direito possui como um dos fundamentos a Dignidade da Pessoa Humana e deve garanti-la, principalmente com relação às políticas públicas, previstas no Estatuto do Idoso, e que tenham como objetivo prevenir a combater e violência doméstica e familiar praticadas contra tal parte da população.

No quarto capítulo, analisar-se-á especificamente a legislação brasileira, e, especificamente, o Estatuto do Idoso, esse inclusive numa visão de microssistema legal de garantias na proteção da dignidade do idoso, o que é necessário para compreender os mecanismos legais existentes para a sua proteção, especialmente contra a violência familiar e doméstica e contra o asilamento.

No quinto e último capítulo, analisar-se-á, especificamente, as disposições penais e processuais penais contidas no Estatuto do Idoso, a fim de verificar se tal ordenamento legal representa um avanço ou um retrocesso na prevenção e punição da violência doméstica e familiar cometida contra o idoso.

Por óbvio, o presente trabalho não esgota a matéria, e nem há pretensão para tal objetivo, mas é um estudo que pretende, ao menos, demonstrar a grave problemática da violência contra o idoso, buscando trazer subsídios para uma maior humanização da chamada Terceira Idade.

1. *O idoso frente à violência doméstica e familiar*

Para que o estudo possa melhor avaliar a situação do idoso no país, é preciso analisar o crescimento dessa população, no mundo e no Brasil, e a realidade que ela enfrenta, de preconceito e de violência doméstica e familiar. Relatam-se casos reais da violência cometida contra o idoso e apresentam-se índices oficiais de como ocorre essa violência por parte da própria família, o que é de máxima importância para dimensionar a realidade e as suas conseqüências sociais e culturais.

1.1. O envelhecimento da população no mundo e no Brasil

O aumento da população de idosos é um fenômeno mundial tão profundo que muitos chamam de "revolução demográfica". No último meio século, a expectativa de vida aumentou em cerca de 20 anos. Se forem considerados os últimos dois séculos, ela quase dobrou. Conforme pesquisas oficiais, que a seguir passam a ser demonstradas, esse processo está longe do fim.

Conforme dados trazidos pelo Instituto Brasileiro de Geografia e Estatística (IBGE),[8] o envelhecimento é um fenômeno mundial, ou seja, o crescimento da população idosa, em números absolutos e relativos, está ocorrendo em um nível sem precedentes. Em 1950, eram cerca de 204 milhões de idosos no mundo e, em 1998, ou seja, quase cinco décadas depois, esse contingente alcançava 579 milhões

[8] INSTITUTO BRASILEIRO DE GEOGRAFIA E ESTATÍSTICA. Perfil dos idosos responsáveis pelos domicílios no Brasil 2001/IBGE, Departamento de População e Indicadores Sociais. Rio de Janeiro: IBGE, 2002, p. 11-12.

de pessoas, ou seja, um crescimento de quase 8 milhões de pessoas idosas por ano.[9]

Para explicar esse fenômeno de envelhecimento, observam-se as seguintes colocações: desde 1950, a esperança de vida, ao nascer, em todo o mundo, aumentou em 19 anos. Atualmente, uma em cada dez pessoas tem 60 anos de idade ou mais; para 2050, a previsão é de que a relação seja de uma para cada cinco pessoas para o mundo, em seu conjunto, e de uma para três, para o mundo desenvolvido.[10]

Da mesma forma, entre 1999 e 2050, o coeficiente entre a população ativa e inativa – isto é, o número de pessoas entre 15 e 64 anos de idade por pessoa de 65 anos ou mais – diminuirá em menos da metade nas regiões desenvolvidas, e em uma fração ainda menor nas menos desenvolvidas.[11]

Observa-se que, de uma forma geral, o crescimento da população de idosos está ocorrendo, de forma mais acentuada, nos países em desenvolvimento, embora esse contingente ainda seja bem inferior ao encontrado nos países desenvolvidos.[12]

Em relação aos países da América Latina, o Brasil assume uma posição intermediária com o número de idosos, correspondendo a 8,6% da população total. Mas, a região latino-americana apresenta uma grande diversidade, com a proporção de idosos variando de 6,4% na Venezuela a 17,1% no Uruguai, enquanto na Europa apresenta, caracteristicamente, proporções mais elevadas, representando algo em torno de 1/5 da população de seus países.[13]

Mundialmente, a população que envolve as pessoas com mais de 65 anos aumentou de 5,2%, em 1950-55, para 6,9%, em 2000, com um aumento de 33%, conforme pode ser visualizado no Gráfico 1, a seguir. Mas, é nos países mais desenvolvidos que o fenômeno é mais agudo: 7,9% de idosos em 1950-55, sendo hoje 14,3% da população com mais de 65 anos, num aumento de 81% – enquanto, nos menos desenvolvidos o aumento foi de 31% (de 3,9%, em 1950-55, para 5,1%, em 2000). O Brasil não fica muito longe dos países desen-

---

[9] INSTITUTO BRASILEIRO DE GEOGRAFIA E ESTATÍSTICA. Perfil dos idosos responsáveis pelos domicílios no Brasil 2001/IBGE, Departamento de População e Indicadores Sociais. Rio de Janeiro: IBGE, 2002, p. 11-12.

[10] Ibidem, p. 11.

[11] Ibidem, p. 11.

[12] Ibidem, p. 12.

[13] Ibidem, p. 12.

volvidos: a proporção de idosos aumentou em 70% de 1950-55 para 2000 (de 3% para 5,1%).[14]

Griafico 1 – Proporção de idosos
(População com mais de 60 anos, em % da população total)

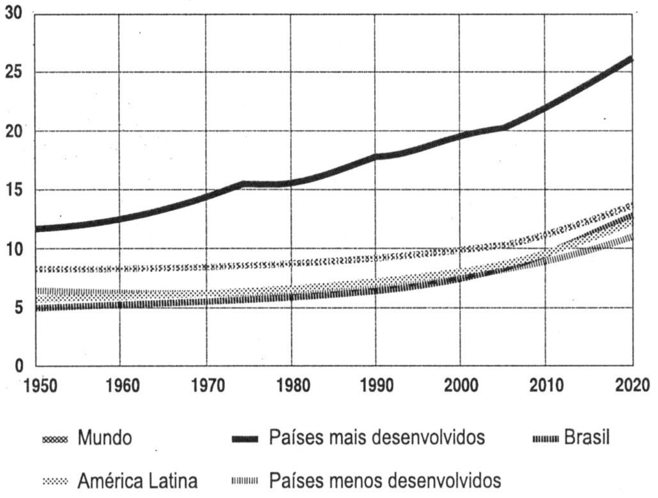

Fonte: Organização das Nações Unidas - ONU

Segundo dados da ONU, a expectativa de vida ao nascer aumentou de 46,5 anos, em 1950-1955, para 65 anos, em 1995-2000, conforme Gráfico 2, a seguir. O Brasil acompanhou essa evolução, estando sempre um pouco acima da média mundial: 50,9 anos em 1950-55 para 67,2 em 1995-2000 – mas um pouco abaixo da média da América Latina (de 51,4 a 59,3 anos).[15]

A diferença entre os países mais e menos desenvolvidos vem diminuindo: de uma distância de 25,2 anos entre as expectativas de vida dos dois grupos em 1950-55 (41 contra 66,2 anos), a diferença caiu para 12 anos, menos da metade (62,9 contra 74,9). Na verdade, essa queda é inevitável, dada a tendência de envelhecimento global, pois as expectativas de vida dos países muito velhos crescem menos,

[14] ORGANIZAÇÃO DAS NAÇÕES UNIDAS. Disponível em: <http://www.onuportugal.pt/body_com_ eventos.html>. Acesso em: 10 ago. 2005.

[15] Ibidem, sem página.

naturalmente. O recordista de expectativa de vida é o Japão, com 80,8 anos.[16]

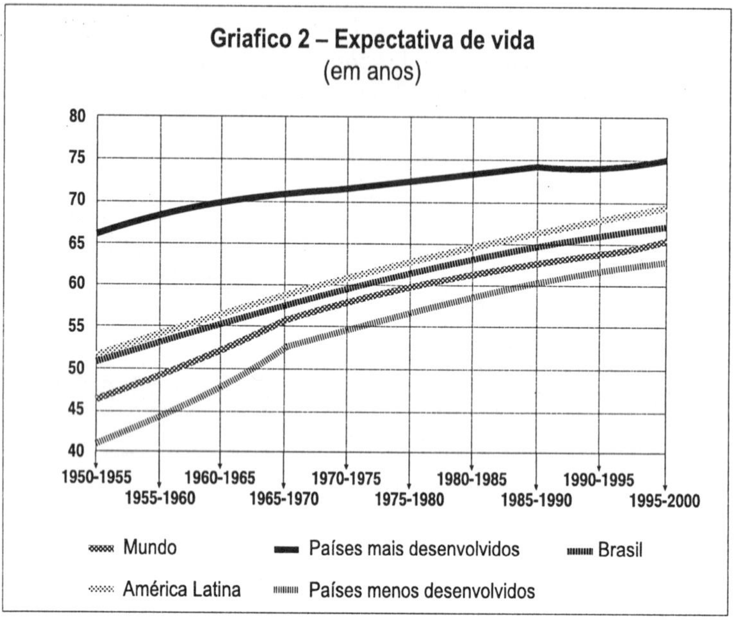

Fonte: Organização das Nações Unidas - ONU

Conforme Denise Gasparini Moreno,[17] observa-se que nos últimos anos a população mundial tem realizado notável transição das taxas de natalidade e mortalidade, que eram extremamente elevadas, para, atualmente, serem muito baixas. Fator essencial dessa transição tem sido o aumento do número e da proporção das pessoas idosas.

Observa a autora que jamais, na história da civilização, assistiu-se a um crescimento igualmente rápido, amplo e geral, sendo que a previsão é de que essa revolução demográfica trará efeitos significativos até a entrada do próximo século, destacando-se as seguintes conclusões: em 1950 havia, no mundo, aproximadamente 200 milhões de pessoas com mais de 60 anos ou mais idade. Esse número cresceu, sendo atualmente 550 milhões.[18]

16 ORGANIZAÇÃO DAS NAÇÕES UNIDAS. Disponível em: <http://www.onuportugal.pt/body_com_ eventos.html>. Acesso em: 10 ago. 2005.

17 MORENO, Denise Gasparini. *O Estatuto do idoso*: o idoso e sua proteção jurídica. Rio de Janeiro: Forense, 2007, p. 172-174, passim.

18 Ibidem, p. 172.

Prevê-se que por volta de 2020 o povoamento mundial, que estará passando pelo processo de envelhecimento, será superior a 1 bilhão e que em 2025 alcançará a faixa de 1 bilhão e 200 milhões. Citando a Organização Mundial de Saúde (OMS), a autora observa que em 2050 o mundo estará com mais de 1 bilhão e 500 milhões de idosos.[19]

Por fim, diante dos dados oficiais, o mais impressionante é o aumento que se espera do número de pessoas com mais de 80 anos, pois a previsão é a de que, no período entre os anos de 1950 e 2025, esse grupo de pessoas multiplicar-se-á entre oito a dez vezes, em escala mundial.[20]

Mundialmente, espera-se que o aumento mais expressivo da população idosa ocorra em países considerados menos desenvolvidos. Atualmente, a maioria da população idosa, cerca de 61%, vive em países em desenvolvimento. A previsão é de que, no ano de 2025, mais de 70% das pessoas idosas habitarão o denominado mundo em desenvolvimento.[21]

Moreno constata, também, que a maioria da população idosa é constituída de mulheres, cerca de 55%, sendo que, em alguns países, essas mulheres idosas constituem o dobro do número de homens. E mais, em alguns países desenvolvidos, um em cada cinco habitantes é uma pessoa idosa. E na primeira metade do próximo século será um idoso em cada quatro habitantes e, em algumas nações, um idoso para cada dois habitantes.[22]

Esse processo de transição demográfica, de uma sociedade que era juvenil e que está se tornado idosa, está aumentando, com muito mais rapidez, nos países em desenvolvimento do que nos países desenvolvidos, conforme expõe a referida autora, citando que, na França, foram necessários 115 anos para que a proporção de pessoas idosas se elevasse de 7 para 14%. No Japão, ocorreu o mesmo processo em 26 anos. Já na Jamaica, tal fato levará 18 anos, ou seja, de 2015 a 2033, e na Tunísia, em torno de 15 anos, de 2020 a 2035.[23]

Também há a previsão de que, para o final do século, a maioria da população idosa estará habitando as zonas urbanas. Prevê-se que para os anos de 2000 quase 78% das mulheres idosas e mais de 75% dos homens idosos das regiões mais desenvolvidas residirão

---

[19] MORENO, Denise Gasparini. *O Estatuto do idoso*: o idoso e sua proteção jurídica. Rio de Janeiro: Forense, 2007, p. 172.

[20] Ibidem, p. 172.

[21] Ibidem, p. 173.

[22] Ibidem, p. 173.

[23] Ibidem, p. 173.

em zonas urbanas. Da mesma forma que também se espera, quanto às regiões em desenvolvimento, que a maioria das pessoas idosas, de ambos os sexos, esteja habitando o meio rural.[24]

Individualmente, estima-se que a duração média de vida aumentará mais de 20 anos até o final deste século, observando-se que a Organização Mundial da Saúde (OMS) considera que um país está envelhecido quando 7% do total de sua população tem mais de 60 anos de idade.[25]

E, finalmente, quanto à realidade de envelhecimento mundial:

> O envelhecimento populacional é assunto que causa preocupação em todo o mundo. Estima-se que o número de pessoas idosas triplicará, passando dos atuais 606 milhões para 2 bilhões na metade deste século. O número de indivíduos acima de 80 anos subirá de 69 milhões para 379 milhões. O Brasil terá mais de 10 milhões de idosos. "As projeções indicam que em 2050 a Espanha será o país com maior quantidade de pessoas acima de 60 anos em relação ao número de crianças. (3.9 por 1). A Itália, primeira nesse ranking, passará a ocupar o segundo lugar.[26]

Também é inegável, dentro do que já fora apontado, que este tema, o envelhecimento mundial, traz muita preocupação no início do século 21, principalmente, pelo fato de que ele está ocorrendo, não somente nos países desenvolvidos, mas também, e muito, nos países em desenvolvimento.

Há trinta anos, quando uma pessoa se aposentava, havia a projeção de ela viver em torno de 7 a 8 anos; mas, atualmente, essa projeção chega a 25 anos ou mais. Essa realidade causa preocupação, principalmente quanto às políticas públicas necessárias para atender a essa camada da população.

O número de pessoas com 80 anos ou mais apresentou os maiores índices de crescimento entre os anos de 1995 e 2005. A população com 80 anos ou mais era de 2,4 milhões em 2005 e, conforme coloca o referido estudo do Instituto Brasileiro de Geografia e Estatística (IBGE), tais pessoas foram beneficiadas pelos avanços na área da saúde, principalmente no tratamento de doenças até pouco tempo consideradas incuráveis e diante de campanhas de vacinação e imunização.[27]

---

[24] MORENO, Denise Gasparini. *O Estatuto do idoso*: o idoso e sua proteção jurídica. Rio de Janeiro: Forense, 2007, p. 173.

[25] Ibidem, p. 173.

[26] Ibidem, p. 174.

[27] INSTITUTO BRASILEIRO DE GEOGRAFIA E ESTATÍSTICA. Síntese de indicadores sociais 2005/IBGE, Coordenação de População e Indicadores Sociais. Rio de janeiro: IBGE, 2006, p. 237.

De acordo com o Instituto Brasileiro de Geografia e Estatística (IBGE), em 2005, os idosos eram quase 10% da população brasileira. As pessoas com 60 anos de idade, ou até mais, somou 18,1 milhões ou 9,9% do total da população nacional. A população idosa de 70 anos ou mais chegou a 4,4% da população.[28]

Segundo estatísticas oficiais, o Brasil, em 2020, será o 6º país com a maior população de idosos do planeta, e estará com 33 milhões, ou seja, com 14% da população mundial.[29]

O IBGE divulgou no seu estudo denominado Tábua de Vida, que a expectativa de vida dos brasileiros cresceu 9,1 anos entre 1980 e 2004. Em 2004, a esperança de vida ao nascer (a chamada expectativa de vida) dos brasileiros era de 71,7 anos, ou seja, 71 anos, 8 meses e 7 dias, ocorrendo um acréscimo de 0,4 anos, ou seja, 4 meses e 24 dias em relação a 2003. Assim, em 1980, a esperança de vida ao nascer era de 62,6 anos, sendo que em 2004 alcançou 71,7 anos.[30]

O referido Instituto divulgou, ainda, na mídia brasileira, seu estudo denominado de Revisão 2004 da Projeção da População, informando que, no início da década, o grupo de 0 a 14 anos representava 30% da população brasileira, enquanto os maiores de 65 anos eram apenas 5%, devendo, em 2050, os dois grupos se igualar em 18%. E que a expectativa média de vida do brasileiro ao nascer será de 81,3 anos, a mesma da população japonesa nos dias atuais.[31]

As quedas das taxas de fecundidade e mortalidade infantil, combinadas, provocaram uma mudança na estrutura etária, com a relativa diminuição da população mais jovem e o aumento proporcional dos idosos. Em 1980, a população brasileira dividia-se, igualmente, entre os que tinham acima ou abaixo de 20,2 anos. A previsão do Instituto Brasileiro de Geografia e Estatística (IBGE) é de que, em 2050, essa idade mediana seja de exatos 40 anos. Além disso, se em 2000 o Brasil tinha 1,8 milhão de pessoas com 80 anos ou mais, em 2050 esse contingente, conforme previsões, poderá ser de 13,7 milhões.[32]

---

[28] INSTITUTO BRASILEIRO DE GEOGRAFIA E ESTATÍSTICA. Síntese de indicadores sociais 2005/IBGE, Coordenação de População e Indicadores Sociais. Rio de janeiro: IBGE, 2006, p. 237.

[29] Ibidem, p. 238.

[30] INSTITUTO BRASILEIRO DE GEOGRAFIA E ESTATÍSTICA. Disponível em: <http://72.14.253.104/search?q=cache:W9f8r9b_ExMJ:www.meb.org.br/noticias/pesquisaibge+t%C3%A1bua+de+vida+2005&hl=pt-BR&gl=br&ct=clnk&cd=1 >. Acesso em: 26 dez. 2006.

[31] Brasil já tem mais de 180 milhões de habitantes. Disponível em: <http://www.ibge.gov.br/home/presidencia/noticias/30082004projecaopopulacao.shtm >. Acesso em: 26 dez. 2006.

[32] Ibidem, sem página.

De 1980 a 2000, o aumento ficou em torno de cinco anos, quando cada brasileiro, ao nascer, tinha uma expectativa de vida de até 68 anos e meio. As projeções do IBGE para o período de 2000 a 2025 prevêem uma expectativa média do brasileiro de 80 anos, para ambos os sexos.[33]

Consoante Lobato:

> O Brasil não é mais um país de jovens. Nas ruas, praças e outros lugares públicos, podemos encontrar senhores e senhoras que buscam novas formas de viver a velhice. Embora o envelhecimento populacional ocorra em todas as sociedades, assume características diferentes em cada país.[34]

Essa é, pois, a realidade mundial e brasileira, situação que não pode mais ser esquecida.

1.2. Os motivos apontados para o envelhecimento da população brasileira

No Brasil, muitas conquistas tecnológicas da medicina moderna que ocorreram nos últimos 60 anos, como assepsia, vacinas, medicina preventiva, exames complementares de diagnóstico, antibióticos, tratamentos quimioterápicos e radioterápicos, entre outros, favoreceram a adoção de meios capazes de prevenir ou curar muitas doenças que, até então, eram consideradas fatais.

Para se compreender a adequação das previsões sobre os limites da expectativa de vida, é necessário levar em conta que o crescimento mundial na expectativa de vida tem dois componentes principais: um devido ao aumento da qualidade de vida da população idosa e outro devido à diminuição da mortalidade infantil.

O primeiro componente deve-se a diversos fatores interligados, como o aumento da renda média dos idosos, a melhoria nas condições de educação, a evolução da qualidade sanitária, as inovações na medicina geriátrica, dentre outros.

O segundo, a diminuição da mortalidade infantil, acontece porque a expectativa de vida é calculada através de médias sobre toda

---

[33] INSTITUTO BRASILEIRO DE GEOGRAFIA E ESTATÍSTICA (IBGE), Síntese de indicadores sociais 2005/IBGE, op. cit., p. 238.

[34] LOBATO, Alzira Tereza Garcia. Considerações sobre o Trabalho do Serviço Social com Idosos. In: LEMOS, M. T.T.B.; ZAGAGLIA, R.A. (Org.) *A Arte de Envelhecer: saúde, trabalho, afetividade, Estatuto do Idoso.* Aparecida, SP: Idéias & Letras, 2004, p. 12.

a população, de forma que uma alta mortalidade infantil pode "puxar" o índice para baixo:

Griafico 3 – Mortalidade infantil no Brasil
(em números de mortes até os cinco anos para cada mil nascimentos)

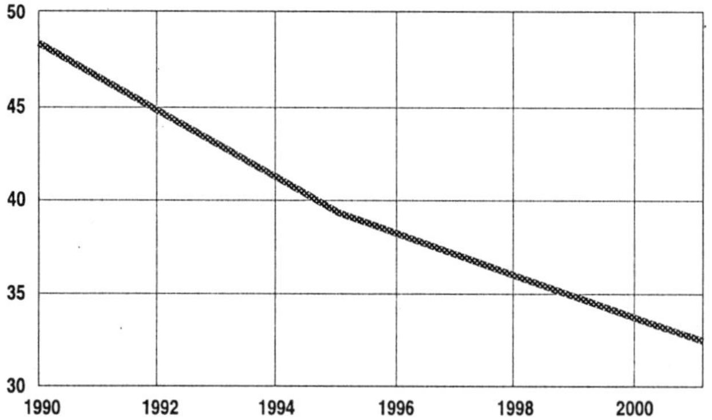

Fonte: Instituto Brasileiro de Geografia e Estatistica - IBGE

Conforme o estudo realizado pelo IBGE, Tábua Completa de Mortalidade do Brasil 2005, constatou-se que, em 5 anos, a mortalidade infantil reduziu-se em 14,3%. Mesmo que o nosso país ainda possua grandes contrastes sociais, a redução da taxa de mortalidade infantil[35] é considerada um exemplo das ações tanto governamentais como não-governamentais na área da saúde e, atualmente, constitui um indicador que absorve e reflete as condições de vida e de saúde da população.[36]

No Brasil, entre os anos de 2000 e 2005, a taxa de mortalidade infantil teve uma redução de 14,3%, ao diminuir de 30,1% para 25,8%. No ano de 2005, a Unidade da Federação com a menor taxa de mortalidade infantil foi o Rio Grande do Sul, com 14,3%, sendo seguido por São Paulo, com 16,5%. Alagoas e Maranhão possuem as mais elevadas taxas de mortalidade infantil no ano de 2005, em todo o país. Conforme o referido estudo, de cada 1000 crianças nas-

---

[35] Brasil já tem mais de 180 milhões de habitantes. Disponível em: <http://www.ibge.gov.br/home/presidencia/noticias/30082004projecaopopulacao.shtm >. Acesso em: 26 dez. 2006. Mortalidade infantil: é conceituada como a probabilidade de um recém-nascido falecer antes de completar o primeiro ano de vida. Expressa o número de óbitos de menores de 1 ano de vida para cada mil nascimentos com vida.

[36] INSTITUTO BRASILEIRO DE GEOGRAFIA E ESTATÍSTICA. Disponível em <http://72.14.253.104/search?q=cache:W9f8r9b_ExMJ:www.meb.org.br/noticias/pesquisaibge+t%C3%A1bua+de+vida+2005&hl=pt-BR&gl=br&ct=clnk&cd=1 >. Acesso em: 26 dez. 2006.

cidas vivas no ano de 2005, 53,7 e 42,1 crianças morreriam, respectivamente, nesses dois Estados, antes de completarem o primeiro ano de vida.[37]

O aumento da proporção de idosos na população brasileira deve-se, então, à diminuição da mortalidade infantil, ao aumento da expectativa de vida das pessoas e à queda da natalidade, pois passaram a nascer menos crianças, a partir de 1960. De 1980 a 2000, o grupo etário com 60 anos e mais de idade cresceu num percentual de aproximadamente 105% e as projeções apontam para um crescimento de 130% no período de 2000 a 2025.[38]

1.3. A imagem negativa da velhice

Em nossa sociedade, nos programas sociais voltados para a chamada "terceira idade", os idosos são representados sempre como pessoas ativas e dispostas a viver de forma intensa essa fase da vida:

> Assistimos, por um lado, a uma socialização progressiva da gestão da velhice; durante muito tempo considerada como própria da esfera privada e familiar, uma questão de previdência individual ou de associações filantrópicas, ela se transforma em uma questão pública. Um conjunto de orientações e intervenções, muitas vezes contraditório, é definido e implementado pelo aparelho de Estado e outras organizações privadas. Um campo de saber específico – a gerontologia – é criado com profissionais e instituições encarregados da formação de especialistas no envelhecimento. Como conseqüência, tentativas de homogeneização das representações da velhice são acionadas e uma nova categoria cultural é produzida: os idosos, como um conjunto autônomo e coerente que impõe outro recorte à geografia social, autorizando a colocação em prática de modos específicos de gestão.[39]

No Brasil, na última década, aumentaram, e muito, os programas que são voltados para os idosos, como as chamadas escolas abertas, as universidades para a terceira idade, e até os grupos de convivência de idosos. Tais programas objetivam encorajar a busca da auto-expressão e a exploração de identidades de uma forma que até pouco tempo era exclusiva da juventude. Abrem espaço para que essas experiências tidas como inovadoras possam ser vividas coleti-

[37] INSTITUTO BRASILEIRO DE GEOGRAFIA E ESTATÍSTICA. Ibidem, sem página.

[38] COM CIÊNCIA – VELHICE. *Mundo Envelhecido, país envelhecido.* Disponível em: <http://www.comciencia.br/reportagens/envelhecimento/texto/env16.htm>. Acesso em: 08 fev. 2006.

[39] DEBERT, Guita Grin. *A Reinvenção da Velhice*: Socialização e Processos de Reprivatização do Envelhecimento. São Paulo: Editora da Universidade de São Paulo: Fapesp, 2004, p. 13-14.

vamente, indicando que a sociedade brasileira é hoje mais sensível aos problemas relacionados ao envelhecimento da população.[40]

Isso, em verdade, não deve obscurecer que, apesar dos avanços tecnológicos e médicos, principalmente com relação à geriatria, existe uma condição de dependência na velhice, fruto da pobreza, da saúde e de outras condições físicas:

> A respeito da dependência na velhice, estudos de vários autores demonstram que as desigualdades sociais em nosso país têm gerado um número crescente de idosos incapacitados funcionalmente e com saúde precária. Os idosos sofrem de doenças crônico-degenerativas, o que implica em (*sic*) redefinições nas políticas da saúde voltadas para esse segmento.[41]

Ao mesmo tempo em que estão ocorrendo iniciativas e programas no sentido de encorajar a auto-expressão e a busca por uma nova e positiva identidade, o sucesso dessas iniciativas é considerado proporcional à precariedade dos mecanismos de que se dispõem para lidar com a idade avançada. Essa nova imagem do idoso não oferece instrumentos capazes de enfrentar a decadência de habilidades cognitivas e de controles físicos e emocionais que são fundamentais, na sociedade atual, para que um indivíduo seja reconhecido como um ser autônomo, e que possa ser capaz de ter um exercício pleno de seus direitos e de sua cidadania.[42]

A própria palavra "velho" ganhou conotação negativa, passando a ser considerada como politicamente incorreta, pois facilmente é associada à idéia de coisa inútil ou imprestável, trazendo com ela um conjunto de conotações negativas. Então, começou a ser difundido o uso do vocábulo "idoso", além de vários neologismos para designar pessoas dessa idade, como por exemplo: meia-idade, idade avançada, envelhecente ou terceirista.[43]

Também deve ser lembrado que o processo de envelhecimento não ocorre de forma igual para todas as pessoas. A velhice, como qualquer outra etapa da vida, é determinada pela inserção de classe social, pelas questões de gênero, raça e etnia. Por isso, envelhecer com dignidade não é uma responsabilidade individual, mas também uma responsabilidade coletiva.[44]

Preocupações sociais decorrentes do envelhecimento da população são relativamente recentes. O surgimento da preocupação

---

[40] DEBERT, op. cit., p. 15

[41] LOBATO, op. cit., p. 12-13.

[42] DEBERT, op. cit., p. 15.

[43] MORENO, op. cit., p. 12.

[44] LOBATO, op. cit., p. 13.

científica sobre envelhecimento nasceu do interesse das instituições e dos profissionais que atuavam com idosos a partir da década de 60. Ações do Estado, nessa época, foram marcadas pelo asilamento, referendadas pela visão negativa da velhice, que era direcionada ao idoso pobre, carente, doente e marginalizado pela sociedade.[45]

Quando se percebe, que a discriminação para com os idosos é fruto de uma mentalidade do descartável, sabe-se que tal cultura é um fenômeno da pós-modernidade:

> A pós-modernidade, por outro lado, é vista como uma época em que tudo parece ser descartável. A condição pós-moderna é a tendência para o contrato temporário em todas as áreas da existência humana, ocupacional, política, sexual, emocional, estabelecendo laços mais econômicos, flexíveis e criativos que os da modernidade. Até mesmo o conhecimento científico se desatualiza e se desgasta em nossa época a uma velocidade jamais vista. Há uma intensificação das relações sociais em escala mundial, ligando localidades distantes de tal modo que acontecimentos locais são modelados por eventos ocorridos há (*sic*) milhares de quilômetros e vice-versa. A própria existência da velhice enquanto objeto individualizado de estudo deve ser analisada enquanto produto da modernidade. O conceito da velhice é, assim, uma construção social realizada em um contexto cultural e histórico específico. A velhice, então, se situaria no mesmo patamar da infância e da adolescência, de igual modo construções sociais dependentes de parâmetros socioculturais específicos em diferentes sociedades.[46]

O próprio estudo do envelhecimento, conforme ressaltado, é um fenômeno recente, geralmente reduzido a questões fisiológicas, aos aspectos meramente corporais, como se fosse possível estudá-lo de forma independente de parâmetros culturais e sociais, que modelam a velhice, cada uma, de forma diferente, dependendo da respectiva sociedade onde está inserida.

A sociedade sempre privilegiou os aspectos relacionados com a juventude, razão pela qual se observa atualmente uma enorme tendência sociocultural de natureza estética, buscando, tão-somente, a preservação da jovialidade e o belo em si. Tal fato constata-se facilmente quando se acompanha a proliferação de clínicas de estética, como também o aumento de cirurgias plásticas, tudo visando à conservação do tônus físico, como também da manutenção do viço juvenil que foi perdido com a idade.[47]

---

[45] LOBATO, op. cit., p. 13.

[46] ROSA, Ana Lucia Cardozo de Santa. O Envelhecimento na Pós-Modernidade. In: LEMOS, M. T.T.B.; ZAGAGLIA, R.A. (Org.) *A Arte de Envelhecer: saúde, trabalho, afetividade, Estatuto do Idoso*. Aparecida, SP: Idéias & Letras, 2004, p. 26.

[47] LARANJA, Anselmo Laghi. Estatuto do Idoso: Ampliação e Alargamento dos Direitos Humanos na Sociedade Brasileira. In: LEMOS, M. T.T.B.; ZAGAGLIA, R.A. (Org.) *A Arte de Envelhecer: saúde, trabalho, afetividade, Estatuto do Idoso.* Aparecida, SP: Idéias & Letras, 2004, p. 37.

Assim:

O que se passa no caso da relação do adulto com o velho é o inverso. O velho – salvo exceções – não *faz* mais nada. Ele é definido por uma *exis*, e não por uma *praxis*. O tempo o conduz a um fim – a morte que não é o *seu* fim, que não foi estabelecido por um projeto. E é por isso que o velho aparece aos indivíduos ativos como uma "espécie estranha", na qual eles não se reconhecem. Eu disse que a velhice inspira uma repugnância biológica; por uma espécie de autodefesa, não a rejeitamos para longe de nós; mas essa exclusão só é possível por que a cumplicidade de princípio com todo empreendimento não conta mais no caso da velhice.[48]

Observa-se que, no movimento que marca as sociedades modernas, a partir da metade do século XIX, a velhice é tratada como uma etapa da vida que é caracterizada pela decadência física como também pela ausência de papéis sociais. O avanço da idade é considerado como sendo um processo contínuo de perdas e de dependência, que, dando identidade de condições aos idosos, ao mesmo tempo, é responsável também pelo conjunto de imagens negativas associadas à velhice. Mas, essa identidade entre os idosos, da mesma forma que traz um conjunto de características consideradas negativas, também é considerada um elemento essencial para a fundamentação de direitos sociais, como, por exemplo, a universalização da aposentadoria.[49]

Assim, ocorreu a proliferação das cirurgias plásticas, das clínicas de estética, das academias de ginástica e das ditas poções milagrosas para rejuvenescimento e emagrecimento. São freqüentes os anúncios de refrigerantes, refrescos em pó, sobremesas, pães, sopas e até de cafezinho com baixas calorias. Esses itens passaram a ser obrigatórios para muitos brasileiros.

A velhice, então, é considerada uma fraqueza, uma deficiência, uma condição humana degradante, o que é uma visão contrária do que ocorria nas sociedades ocidentais tradicionais, que eram ligadas ao direito consuetudinário, em que as opiniões das pessoas maduras eram fortemente consideradas em tomadas de decisões na coletividade e tinham impacto e reconhecimento, pela experiência e pela capacidade comprovada:

Até muito recentemente, tratar da velhice nas sociedades industrializadas era traçar um quadro dramático da perda do *status* social dos indivíduos – a industrialização teria destruído a segurança econômica e as relações estreitas que vigoravam nas sociedades tradicionais entre as gerações na família. Dessa perspectiva, a situação atual, em que os idosos se transformam em um peso para a família e para o Estado,

---

[48] BEAUVOIR, Simone de. *A velhice*. Tradução de Maria Helena Franco Monteiro. Rio de Janeiro: Nova Fronteira, 1990, p. 266.

[49] DEBERT, op. cit., p. 14.

opunha-se uma Idade de Ouro em que eles, dada sua sabedoria e experiência, eram membros respeitados na família e na comunidade. O empobrecimento e os preconceitos marcariam a velhice nas sociedades modernas, que abandonam os velhos a uma existência sem significado.[50]

Beauvoir relata exemplificações que dizem respeito à valorização do idoso, em certas culturas, como no Panamá, num povo primitivo chamado *cunas*, em que os idosos têm a mesma condição que os mais jovens, não constituindo problema particular para aquela população. Há também os *incas*, onde os homens idosos eram temidos e obedecidos, pois podiam aconselhar, ensinar, dar bons exemplos, ocorrendo o mesmo com as idosas, que sempre se mantinham úteis e eram respeitadas pela comunidade. E em *Bali*, em que os idosos são respeitados, trabalham pouco, discutem, mas possuem inúmeras obrigações como dirigir associação da aldeia, ensinar aos jovens a poesia, dentre outras.[51]

No Brasil, tal situação é completamente diferente, como bem lembra Laranja:

> Dessa forma, em paralelo e contraditoriamente a esse processo histórico-cultural de degradação da condição senil, o Brasil envelhecia. Enquanto nossa sociedade, a partir da década de 1970, cada vez mais buscava a juventude, especialmente na propaganda, homens e mulheres alcançavam a maturidade; enquanto idealizávamos o jovem como o padrão ideal, a sociedade também se aproximava da velhice; enquanto novas e mais avançadas técnicas de retardo do envelhecimento e embelezamento eram desenvolvidas por especialistas, como o botox, por exemplo, homens e mulheres tentavam fugir da morte. Assim, uma das principais características das sociedades ocidentais contemporâneas é o *estranhamento da morte*, o receio de sua chegada, o medo dela.[52]

A forma como cada sociedade encara o processo de envelhecimento também sofre influência direta dos padrões de ver e sentir o mundo, que estão sofrendo profundas mudanças no mundo atual. A juventude e a velhice não são concepções absolutas, mas são interpretações sobre o sentido da existência, conceitos que vão sendo construídos historicamente.[53]

Quando a questão do idoso é abordada, necessário serem enfocados aspectos filosóficos a respeito desse assunto, abordando-se a questão do ser, visto que a finitude da vida deixa de ser uma possibilidade e passa a ser uma certeza descortinada pelo tempo. O ser e o tempo estão entrelaçados, pois, de forma necessária, quando ocorre a reflexão sobre o idoso.

---

[50] DEBERT, op. cit., p. 17.

[51] BEAUVOIR, op. cit., p. 91-98, passim.

[52] LARANJA, op. cit., p. 37.

[53] ROSA, op. cit., p. 28.

Beauvoir argumenta que quando é chegada a hora, e mesmo quando já se aproxima, preferimos geralmente a velhice à morte. E é a morte que consideramos com mais lucidez, pois ela faz parte de nossas possibilidades imediatas, ameaça-nos em qualquer idade mas, principalmente, na velhice. Mas não é num instante que ficamos velhos. Observa-se que, quando jovens, ou na força da idade, não pensamos como pensava Buda, que já somos habitados pela nossa futura velhice. Ela está separada de nós por um tempo tão longo que, aos nossos olhos, confunde-se com a eternidade, e, para nós, esse futuro tão distante, nos parece praticamente irreal.[54]

Aliás, Arendt explica que:

> Imortalidade significa continuidade no tempo, vida sem morte nesta terra e neste mundo, tal como foi dada, segundo o consenso grego, à natureza e aos deuses do Olimpo. Contra este pano de fundo – a vida perpétua da natureza e a vida divina, isenta de morte e da velhice – encontravam-se os homens mortais, os únicos mortais num universo imortal mas não eterno, em cotejo com as vidas imortais dos seus deuses mas não sob o domínio de um Deus eterno.[55]

A chamada expectativa de vida criou divisões do curso da vida, em várias fases distintas, ou seja, em várias faixas etárias. Pode-se afirmar que essa divisão será bem diferente numa sociedade onde a expectativa de vida é de 85 anos, comparada a uma sociedade onde a expectativa era de 30 anos. Assim, na sociedade moderna, idades compulsórias também foram instituídas para que houvesse uma determinação de quando começava a idade escolar, a idade para o trabalho, para o casamento e também para a aposentadoria. O Estado moderno passou a assumir um papel de padronizar e ordenar o curso de vida das pessoas, estendendo, assim, as faixas etárias para todas as pessoas.[56]

Foi a ideologia do evolucionismo que baseou a evolução científica, fundando o ciclo biológico da existência em faixas etárias bem definidas:

> A convergência, no início do século XX, de um volume crescente de literatura especializada na área da Gerontologia, a proliferação de estereótipos negativos sobre os idosos e o estabelecimento de aposentadorias compulsórias favorecem os primeiros movimentos de uma formulação política e institucional da velhice enquanto estágio distinto, diferenciando-se da chamada terceira-idade. Nesse contexto, a velhice ou terceira idade não seria exceção. Assim, podemos dizer que a velhice é jovem.[57]

---

[54] BEAUVOIR, op. cit., p. 11.

[55] ARENDT, Hannah. *A condição humana*. Tradução de Roberto Raposo. 10. ed. Rio de Janeiro: Forense Universitário, 2004, p. 26-27.

[56] ROSA, op. cit., p. 29.

[57] Ibidem, p. 29.

Para Agustini, foi justamente a sociedade capitalista e o modelo liberal que prepondera em nossos dias, que contribuíram para ocorresse a exclusão social e a conformação dos idosos, atualmente considerados como sendo uma minoria, sendo essa concepção a fonte principal do processo de preconceito e discriminação existente contra os idosos.[58]

No aspecto visual, da aparência física que todas as pessoas possuem, nada representa melhor o envelhecimento que a imagem da perda substantiva dos aspectos sensíveis do corpo. A estética do corpo é a mais representativa. Se a juventude vem associada ao belo, a velhice vem colada ao feio:

> O avanço da idade representa um retrocesso nas capacidades físicas do indivíduo, e essa condição é fator de angústias, pois ao mesmo tempo cresce a consciência dos limites do corpo e o anúncio prévio e gradativo da morte. A limitação dos movimentos, a perda substantiva da força, a diminuição das capacidades mentais em geral e o desânimo psicológico remetem os idosos a uma outra condição da ontoestética do corpo. Todas essas condições são acompanhadas das condições estéticas propriamente ditas, com o envelhecimento do corpo pelas mudanças visuais da pele, o aparecimento de rugas e manchas etc. É preciso uma nova sabedoria para conviver com as novas realidades físicas e psicológicas que vão se somando com o passar do tempo.[59]

E se a velhice, em inúmeras sociedades, vem relacionada à experiência de vida, o que representava uma riqueza cultural e social, em outras, a velhice está relacionada ao abandono, à idéia de que "o velho não serve mais", que ele é dispensável, descartável pela sociedade, onde o que importa é o culto à juventude, e esta, por sua vez, é que deveria ser eterna:

> Na maior parte das sociedades, de modos diferentes, a velhice pendulou mesmo entre o conceito de repositório da experiência de vida, o da velhice útil, e o fardo que se deve carregar com sacrifício. Mesmo nas sociedades primitivas, quase sempre dadas como reverentes dos velhos, tal pendulação parece ocorrer, e assim revelam autores como B. Malinowski, R. Benedict, M. Mead, Marcel Mauss e ainda outros. Quem não se lembrará das imagens do famoso documentário de Flaherty em que, numa das seqüências, um grupo esquimó abandona os anciãos na paisagem gelada para que morram, devido à dificuldade de obter alimentos durante o inverno? Conta Câmara Cascudo que os velhos eram tratados com dignidade e notável respeito durante o período colonial brasileiro. Talvez se pudesse especular se tal dignificação

[58] AGUSTINI, Carlos Fernando. Humanismo, velhice e Direito. In: MEZZAROBA, Orides. (Org.) *Humanismo Latino e Estado no Brasil*. Florianópolis: Fundação BOAITEUX, 2003, p. 369-392, passim.

[59] MODERNO, João Ricardo. Ontoestética do Idoso. In: LEMOS, M. T.T.B.; ZAGAGLIA, R.A. (Org.) *A arte de envelhecer: saúde, trabalho, afetividade, Estatuto do Idoso*. Aparecida, SP: Idéias & Letras, 2004, p. 74.

não se deva à herança indígena, uma vez que os tupis da costa tinham os velhos como intermediários com o Além, uma vez que estavam tão próximos dos mortos.[60]

O tratamento dispensado aos idosos também é um reflexo cultural: a sociedade de consumo impõe o culto ao corpo, valorizando a juventude dita "eterna", sendo envelhecer considerado feio, considerado até um "fardo", e não um processo perfeitamente natural, a partir do qual o idoso deve ser respeitado e valorizado por toda sua contribuição e bagagem de vida, por toda a sociedade de que faz parte e em que está inserido.

1.4. A violência doméstica e familiar contra o idoso – índices e motivos

Embora estejamos presenciando o envelhecimento da população, e a conseqüente reversão da pirâmide mundial, são alarmantes as estatísticas que mostram a realidade de violência contra o idoso, em especial a doméstica e familiar, como se verá.

Em qualquer pesquisa feita sobre a violência contra o idoso, a constatação a que se chega é de que, além das omissões do Estado, são pessoas de sua família os responsáveis pela maioria das agressões, e a violência ocorre mesmo dentro de suas casas. Nesse sentido, é a realidade de São Paulo, em que pesquisa recente demonstra que grande parte dos casos de violência e maus-tratos contra idosos é cometida por pessoas próximas à vítima – o vizinho, o amigo e, principalmente, os seus familiares.[61]

Nesse sentido:

> Em reportagem no Jornal *O Estado de S. Paulo*, datada de 14.05.99, nos deparamos com a violência sofrida contra os idosos: " Em uma sexta-feira, Alice – nome fictício –, 84 anos, foi à Promotoria Especial de Proteção aos Idosos para reivindicar o direito de dormir na sala de sua casa. A discussão desenrolou-se com o seu filho e nora, que há três anos foram morar em sua companhia. Nos 40 minutos de audiência, o grande empecilho para um acordo era o piano. Caso Alice passasse a dormir na sala, dizia o filho, não haveria local para por (*sic*) o instrumento musical. Ao fim, o acordo foi feito. Alice conseguiu, diante do promotor, uma solução para um problema que já lhe havia rendido agressões físicas e verbais. "Amamentei meu filho durante dois anos, sempre fui dedicada", dizia Alice, antes da audiência. "Depois que ele se casou, ajudei a tomar

---

[60] BARROS, Orlando de. Os velhos e os velhacos. In: LEMOS, M. T. T. B.; ZAGAGLIA, R. A. (Org.) *A arte de envelhecer: saúde, trabalho, afetividade, Estatuto do Idoso.* Aparecida, SP: Idéias & Letras, 2004, p. 134.

[61] SERASA. Guia Serasa de orientação ao cidadão, op. cit., sem página.

conta dos netos." Porém, logo depois que o filho foi morar com ela, e relação mudou. "Tornei-me uma prisioneira em minha própria casa, tenho de cozinhar em uma edícula, não posso receber amigos e sempre fui chamada de velha e inútil".[62]

A violência contra o idoso pode acontecer de várias formas, desde a psicológica, que se manifesta através da negligência e pelo descaso, até as agressões físicas. São comuns os casos de filhos que batem nos pais, tomam seu dinheiro, os dopam, os deixam passar fome ou não dão os remédios na hora marcada, no chamado abandono material.

Estudo feito pelo Instituto Brasileiro de Ciências Criminais (IBCCRIM), com base nas ocorrências registradas pela Delegacia de Proteção ao Idoso de São Paulo, em 2000, mostra que 39,6% dos agressores eram filhos das vítimas; 20,3%, seus vizinhos e 9,3%, outros familiares. As ocorrências registradas com maior freqüência foram ameaças (26,93%), seguidas de lesão corporal (12,5%) e de calúnia e difamação (10,84%). O estudo mostrou, também, que parte das ocorrências é retirada pelos idosos dias após a denúncia. Nos registros, os idosos argumentam que precisam viver com a família, têm de voltar para casa, e a manutenção da queixa atrapalharia a convivência.[63]

No Rio de Janeiro e em outros locais, relatos e índices sobre violência contra idosos caminham no mesmo sentido, consoante relato do Núcleo de Informação ao Idoso do Governo Federal, que demonstra um panorama de desolação que precisa ser modificado. O Rio de Janeiro é o estado brasileiro onde morrem mais idosos vítimas de violência, conforme pesquisa do Centro Latino-Americano de Estudos sobre Violência e Saúde (Claves), pertencente à Escola Nacional de Saúde Pública da Fundação Oswaldo Cruz (Fiocruz).[64]

Estima-se que, num grupo de 100 mil habitantes com mais de 60 anos, 249,5 morrem por homicídios, atropelamentos, tombos dentro de casa, entre outros; e que 32% das mortes registradas de idosos são em decorrência de violência. A primeira causa é o acidente no transporte, seguida de espancamento e agressão e de atropelamento. O Hospital de Jabaquara atende a uma média de 32 mil pessoas

[62] MORENO, op. cit., p. 24-25.

[63] SERASA, op. cit., sem página.

[64] NÚCLEO DE INFORMAÇÃO AO IDOSO DO MS. Velhos sofrem violência em casa e nas ruas. Disponível em: «http://www.idoso.ms.gov.br/artigo.asp?id=50». Acesso em: 14 de set. de 2004.

por mês – 600 apanharam em casa, a maioria formada de velhos e crianças.[65]

Já em Belo Horizonte, na Delegacia Especializada de Proteção, investigando-se 1.388 casos registrados nos Termos Circunstanciados de Ocorrência (TCO), concluiu-se o que as pesquisas em âmbito nacional e internacional têm relatado: que a vítima idosa concentra-se em maior número no sexo feminino, muito embora esses dados estejam se alterando, conforme mostra a Tabela 1.[66]

Tabela 1
Resumo do número de idosos vítimas da violência nos últimos anos

ANO	FEMININO		MASCULINO	
	Número	%	*Número*	%
1998	136	80,5	33	19,5
1999	157	77,3	46	22,7
2000	355	71,7	140	28,3
2001	359	68,9	162	31,1

Fonte: Delegacia Especializada de Proteção ao Idoso – DEPI/MG.
Nota: CHAVES, P.G.S. e COSTA, P.L. (2002). Levantamento de dados nos termos circunstanciados de ocorrência – TCO da DEPI/MG – Belo Horizonte: ACADEPOL (mimeog.).

Nesse estudo, a análise principal é no sentido de se saber qual a influência do fator vitimização como elemento motivador das denúncias na Delegacia Especializada de Proteção ao Idoso (DEPI/MG). Nesse sentido, após analisar os relatos contidos nos 1.388 Termos Circunstanciados de Ocorrência registrados naquele local, notou-se que o maior índice de violência contra o idoso em Belo Horizonte é causado pelos filhos (média 45,3%), seguido pelo(a) cônjuge/companheiro(a) (média 15,4%) e pelos vizinhos (média 12,2%), de acordo com os dados contidos na Tabela 2.[67]

Assim, eventos como furto consumado a transeunte em via pública, roubo a transeunte e assalto a transeunte encontram-se inseridos no tópico Outros, com uma média de apenas 9,6%.[68]

---

[65] NÚCLEO DE INFORMAÇÃO AO IDOSO DO MS, citado.

[66] COSTA, L.; CHAVES, P.G.S. *A vivência afetiva e a violência doméstica contra os idosos.* Disponível em: <http://www.mj.gov.br/senasp/biblioteca/artigos/artigo.doc.>. Acesso em: 02 fev. 2006.

[67] Ibidem, sem página.

[68] Ibidem, sem página.

A violência, na sua forma doméstica e familiar, consideradas estas como as mais preocupantes, já que as ocorrências de violência contra os idosos, na grande maioria, são relacionadas aos familiares e às pessoas próximas, é, por conseguinte, a mais difícil de ser controlada, pois se relaciona a vínculos afetivos e de convivência diária.[69]

Tabela 2
Principais agentes de crimes e contravenções praticados contra idoso

AUTOR	1998		1999		2000		2001	
	Número	%	*Número*	%	*Número*	%	*Número*	%
Cônjuge / Companheiro	13	7,7	23	11,3	154	31,1	59	11,4
Filhos	76	45,0	87	43,0	232	46,8	241	46,2
Irmãos	-	-	02	0,9	14	2,8	08	1,5
Netos	03	1,8	07	3,5	47	9,5	30	5,7
Genros / Noras	21	13,0	11	5,4	39	7,9	43	8,3
Vizinhos	25	14,8	36	17,7	02	0,5	81	15,6
Sobrinhos	08	4,7	06	2,9	06	1,2	07	1,3
Outros	22	13,0	31	15,3	01	0,2	52	10,0
TOTAL	169	100%	203	100%	495	100%	521	100%

Fonte: Delegacia Especializada de Proteção ao Idoso – DEPI/MG.

Nota: CHAVES, P.G.S. e COSTA, P.L. (2002). Levantamento de dados nos termos circunstanciados de ocorrência – TCO da DEPI/MG – Belo Horizonte: ACADEPOL (mimeog.).

Na Tabela 3, que retrata a violência contra o idoso em Minas Gerais, pode-se observar que crimes de ameaça, tipificado no art. 147 do Código Penal brasileiro, assim como a contravenção penal, tipificada no art. 65 da Lei de Contravenções Penais, que é a perturbação da tranqüilidade, são os tipos de maior incidência.[70]

De acordo com os relatos contidos nos Termos Circunstanciados de Ocorrência da Delegacia Especial de Proteção ao Idoso/MG, as ameaças contra os idosos, nas regiões mais pobres de Belo Horizonte, estão relacionadas ao abuso sexual; ao pagamento de aluguel – no caso dos vizinhos; ao alcoolismo dos filhos e/ou cônjuges; e às drogas.[71]

[69] COSTA, L.; CHAVES, P.G.S. *A vivência afetiva e a violência doméstica contra os idosos*, op. cit., sem página.

[70] Ibidem, sem página.

[71] Ibidem, sem página.

Nos bairros localizados nas regiões Centro-Sul e Pampulha, com melhores condições econômicas, os Termos Circunstanciados de Ocorrência registram ameaças contra os idosos que partem de seus próprios filhos, motivadas, em regra, pela condição socioeconômica do cidadão na maioridade.[72]

Tabela 3
Demonstrativo dos crimes e das contravenções contra o idoso na Grande Belo Horizonte

Crimes e contravenções	1998		1999		2000		2001	
	Número	%	*Número*	%	*Número*	%	*Número*	%
Art.147	75	44,4	62	30,6	154	31,1	128	24,6
Art.65	37	21,9	111	54.7	232	46,8	271	52,0
Art.42	08	4,7	02	0,9	14	2,8	16	3,2
Art.21	34	20,1	10	5,0	47	9,5	55	10,5
Art.129	14	8,3	16	7,8	39	7,9	36	6,9
Art.136	-	-	01	0,5	02	0,5	11	2,1
Art.146	01	0,6	01	0,5	06	1,2	04	0,8
Art.168	-	-	-	-	01	0,2	-	-
Art.244	-	-	-	-	-	-	-	-

Fonte: Delegacia Especializada de Proteção ao Idoso – DEPI/MG.
Nota: CHAVES, P.G.S. e COSTA, P.L. (2002). Levantamento de dados nos termos circunstanciados de ocorrência – TCO da DEPI/MG – Belo Horizonte: ACADEPOL (mimeog.).

No caso relativo ao artigo 65 da Lei de Contravenções Penais, tem-se que os motivos vão desde "gritos" até "som muito alto", quer sejam dos vizinhos, quer sejam dos filhos e/ou cônjuges.[73]

No contexto, pode-se constatar que indivíduos com 60 ou mais anos de idade, predominantemente, vivem sozinhos, talvez pelo estado civil (solteiros ou viúvos) ou mesmo por uma tendência ao isolamento social dessa camada da população. Constatou-se, porém, que em Belo Horizonte, em 69,63% dos casos registrados na DEPI/MG, o autor e a vítima moram no mesmo domicílio.[74]

No mesmo sentido, pesquisa recente realizada em São Paulo confirma que a grande parte dos casos de violência e maus-tratos

[72] COSTA, L.; CHAVES, P.G.S. *A vivência afetiva e a violência doméstica contra os idosos*, op. cit., sem página.

[73] Ibidem, sem página.

[74] Ibidem, sem página.

contra idosos é cometida por pessoas próximas a eles – o vizinho, o amigo e, principalmente, os seus familiares.[75]

Observa-se, também, que a violência contra o idoso muitas vezes é causada por disputas quanto ao seu patrimônio. Seu dinheiro é motivo para que ele seja maltratado pelos filhos e familiares, que deveriam ser responsáveis por ele e estar zelando pelo seu bem-estar, ou seja, a violência doméstica também é patrimonial:

> A falta de dados estatísticos sobre a extensão da violência contra mulheres e crianças também coincide quando o alvo são os idosos. Embora a população idosa tenha crescido de 6,2 milhões em 1950 para 13,9 milhões no ano 2000 (com projeção para atingir os 31,8 milhões em 2025), pouco se sabe em termos quantitativos de violência. Segundo o chefe do Departamento de Medicina Preventiva da Unifesp, o médico Luiz Roberto Ramos, o perfil do idoso vitimizado é mulher, com mais de 75 anos, física ou mentalmente dependente, viúva ou solteira e vivendo com familiares. Já o agressor é normalmente homem, adulto de meia-idade, familiar próximo (normalmente o filho), dependente econômico da vítima e, não raro, dependente químico. Embora sinais físicos como perda de peso, escaras, feridas, acidentes recorrentes inexplicáveis, sejam alguns dos sinais de maus-tratos físicos, Luiz Roberto conta que o mais comum é a violência patrimonial, ou seja, a exploração dos bens do idoso. O promotor de Justiça do Ministério Público e coordenador do Grupo de Atenção Especial de Proteção ao Idoso, João Estevam da Silva, afirmou que 60% das ações realizadas pela sua equipe têm relação com este tipo de violência patrimonial.[76]

Da mesma forma, outros relatos traduzem essa mesma realidade, no sentido de que são, justamente, os bens patrimoniais do idoso um dos maiores motivos para que ocorra violência, principalmente a familiar, pela disputa da posse desses bens. É o que revela uma pesquisa divulgada pelo Instituto Brasileiro de Ciências Criminais (IBCCrim), que analisou cerca de 1.500 boletins de ocorrência (BOs) registrados entre 1991 e 1998 na Delegacia de Polícia de Proteção ao Idoso.[77]

Esse estudo demonstrou que 40% das queixas registradas pelos idosos são contra filhos, netos ou seus cônjuges e outros 7%, contra outros parentes. Muitas vezes, a violência é motivada pela disputa pela posse de bens do idoso ou pelas dificuldades da família em

[75] SERASA. Guia Serasa de orientação ao cidadão, op. cit., sem página.

[76] COSTA, Renata. *Discussão da Violência: Pesquisadores da Unifesp e da USP se reúnem em simpósio.* Disponível em: <http://www.universiabrasil.net/ materia/materia.jsp?materia=8103 – 29k.> Acesso em: 08 fev. 2006.

[77] A NOTÍCIA. Disputa por bens gera violência ao idoso. Pesquisa revela que 40% das queixas registradas em DP são contra filhos, netos ou seus cônjuges. Disponível em: < http://an.uol.com. br/2000/set/12/0pai.htm> Acesso em: 08 fev. 2006.

arcar com a sua manutenção. Cerca de 13% das agressões envolvem violência física.[78]

A Ordem dos Advogados do Brasil (OAB), com base nesse estudo lançou a cartilha "Direito à Velhice... Direito à Vida", para divulgar direitos e serviços de assistência aos idosos. Jacqueline Sinhoretto, uma das organizadoras do estudo, observa que os casos levantados nos boletins de ocorrência podem ser definidos como sendo "a ponta do *iceberg*", pois, um idoso efetivamente denuncia seu filho ou seu neto porque a violência se tornou insuportável, e, na maioria das vezes, o idoso depende material ou emocionalmente do agressor.[79]

Há também muitas denúncias sobre parentes que vão morar com o idoso e se apropriam progressivamente do espaço, ameaçando às vezes até expulsar o proprietário da casa. Os casos atendidos pelo Grupo de Atuação Especial de Proteção ao Idoso (Gaepi), do Ministério Público de São Paulo, confirmam o estudo. Orientado em um primeiro momento para fiscalizar casas de repouso, o grupo vem progressivamente tratando do problema da violência doméstica. O procurador João Estevão da Silva, responsável pelo grupo, diz que, entre 1994 e 1997, fechou 48 casas de repouso na capital paulista.[80]

No mesmo sentido, o relato da violência física e psíquica geralmente é decorrência da tentativa de forçar o idoso a transferir bens, ou seja, a inventariar suas posses em vida. O abandono também é outra violência freqüentemente motivada por razões financeiras, sendo muitos simplesmente deixados em hospitais e asilos.[81]

Observa-se, através de relatos no presente estudo, que, enquanto no Nordeste os familiares disputam para viver com o idoso que tem aposentadoria, em São Paulo, quanto maior a renda do idoso, mais pressa tem a família em colocá-lo em um asilo para dispor de seus bens.[82]

As conclusões do referido trabalho apontam para a necessidade de estabelecer uma política de segurança pública diferenciada para esses casos. O que se propõe é um programa de orientação familiar

---

78 A NOTÍCIA. Disputa por bens gera violência ao idoso. Pesquisa revela que 40% das queixas registradas em DP são contra filhos, netos ou seus cônjuges. Disponível em: < http://an.uol.com. br/2000/set/12/0pai.htm> Acesso em: 08 fev. 2006.

79 Ibidem, sem página.

80 Ibidem, sem página.

81 A NOTÍCIA. *Abandono em hospitais e asilos é freqüente.* Disponível em: <http://an.uol.com.br/2000/set/12/0pai.htm> Acesso em: 08 fev. 2006.

82 Ibidem, sem página.

para intermediar a solução desses conflitos com equipes multidisciplinares, com psicólogos e assistentes sociais.[83]

Também como forma de comprovar a afirmação, de que a violência contra o idoso é motivada, e muito, pela disputa de seu patrimônio, os índices são indubitáveis:

Idoso
Quadro revelado

- 1.500 queixas analisadas entre 1991 e 1998: 40% delas contra filhos, netos ou seus cônjuges e outros 7% contra outros parentes.
- a violência é motivada por disputa pela posse de bens do idoso ou pelas dificuldades da família em arcar com a sua manutenção.
- cerca de 13% das agressões envolvem violência física.
- parentes que vão morar com o idoso se apropriam progressivamente do espaço, ameaçando às vezes até expulsar o proprietário da casa.
- abandono é freqüente e motivado por razões financeiras.
- 60% das investigações do Gaepi se referem à violência física e psíquica, geralmente decorrentes da tentativa de forçar o idoso a transferir bens, de "inventariar" suas posses em vida.[84]

Na realidade, os dados sobre violência contra o idoso, dos mais diversos tipos, especialmente de agressões de seus familiares, como também com relação a acidentes típicos da velhice, ocorrem porque o Estado não possui políticas públicas efetivas que lhes proporcionem mais segurança.[85]

A violência doméstica e familiar acontece quando o idoso está aposentado ou não consegue nova colocação no mercado de trabalho, conforme aponta Moreno:

> O problema da violência contra o idoso começa, exatamente, com a falta de trabalho. O respeito ao idoso faz parte da história da humanidade, mas isso começou a ser alterado com o capitalismo moderno, que contribuiu, de modo significativo, para destruir essa tradição.
>
> Entre o idoso e o trabalhador jovem e sadio, optou a sociedade atual por este último, considerando-o mais importante para a produção, e, com isso, substituindo-se o respeito que, até então, havia pelos idosos por um preconceito contra os que não produziam ou produziam pouco.

---

[83] A NOTÍCIA. *Abandono em hospitais e asilos é freqüente.* Disponível em: <http://an.uol.com.br/2000/set/12/0pai.htm> Acesso em: 08 fev. 2006.

[84] Ibidem, sem página.

[85] CÂMARA, Jussara. Longevidade em perigo. *Direito do Idoso.* Disponível em: <http://www.Direitodoidoso.com.br/01/artigo012.html>. Acesso em: 13 set. 2004.

O idoso busca uma nova colocação no mercado de trabalho, porém, se depara com a famosa discriminação e, com isso, vê-se obrigado a se contentar com as míseras pensões pagas pela previdência social.[86]

Ainda que no Brasil vem aumentando o número de idosos que sustentam seus filhos, netos e até bisnetos, na maioria das vezes, sem conseguir um emprego ou uma nova colocação no mercado de trabalho, ficam obrigados a permanecer em casa, recebendo pensão irrisória, trazendo a responsabilidade pelo seu sustento à sua família.[87]

Dessa forma é que começam os episódios de violência, dentro de sua própria casa, pois algum dos parentes desse idoso se vê na situação de ter de abandonar o emprego para cuidar dele e, conseqüentemente, acaba havendo uma redução na renda e gerando conflitos entre os próprios familiares.[88]

A realidade de violência contra o idoso, já explicitada por outros autores,[89] começa justamente na falta de trabalho. Ainda que a situação de desrespeito com relação a ele seja encontrada em várias fases da história da humanidade, é o capitalismo moderno que contribuiu, de modo significativo, para o agravamento desse tratamento:

> [...] o problema é que a sociedade passou a ser aferida em função de sua produção e, por isso, quem produz muito é respeitado e, quem pouco produz, é ignorado. Entre o idoso, quase que despojado da potencialidade de produzir (ou, pelo menos, tendo-a bastante reduzida) e o trabalhador jovem e sadio, ainda com muita força para o trabalho, a sociedade optou em eleger este último como sendo o mais importante para a produção e o respeito que, até então se tinha pelos idosos, começou a ser substituído por um preconceito, visto que para a maioria das pessoas, eles nada produzem ou produzem muito pouco.[90]

Não são poucos os relatos de maus-tratos familiares com relação aos idosos, retratando o descaso e a negligência familiar, con-

---

[86] MORENO, op. cit., p. 21.

[87] Ibidem, p. 21.

[88] Ibidem, p. 21.

[89] Conforme as obras de João Ricardo Moderno, em Ontoestética do Idoso. In: LEMOS, M. T.T.B.; ZAGAGLIA, R.A. (Org.) *A arte de envelhecer: saúde, trabalho, afetividade, Estatuto do Idoso.* Aparecida, SP: Idéias & Letras, 2004, como também Orlando de Barros: *Os velhos e os velhacos.* na mesma obra, já citada e Carlos Fernando Agustini, em: Humanismo, velhice e Direito. In: MEZZAROBA, Orides. (Org.) *Humanismo Latino e Estado no Brasil.* Florianópolis: Fundação BOAITEUX, 2003.

[90] BRAGA, Pérola Melissa. *Direitos do Idoso.* São Paulo: Quartier Latin, 2005, p. 59-60.

soante a informação trazida pela Associação Médica do Rio Grande do Sul (AMRIGS).[91]

A AMRIGS relata casos em que o idoso, geralmente portador de doença grave ou de demência, é tratado com negligência e descaso por familiares, cônjuges ou companheiros. Em alguns casos, fica evidente que o interesse no idoso é somente patrimonial, não havendo interesse na melhora, na sua saúde, mas somente nos bens que serão divididos com relação à herança ou enquanto ele ainda viver, como no seguinte exemplo concreto:

> Paciente de 72 anos, masculino, portador de demência leve de Ahlzeimer, consultou no ambulatório de Neuropsiquiatria Geriátrica do Serviço de Geriatria do Hospital São Lucas da PUCRS acompanhado por sua companheira. Casados há 20 anos, a companheira sempre foi a responsável por seus cuidados. Durante a consulta, a esposa-cuidadora queixou-se de cansaço dos cuidados oferecidos a ele, de sustentá-lo financeiramente e de ser agredida verbalmente. Além disso, solicitou um documento que comprovasse a impossibilidade do paciente de gerenciar suas finanças, devido à demência. O paciente foi entrevistado separadamente e negou tudo isso, queixando-se de não estar recebendo auxílio para tomar seus medicamentos. A impressão foi de que a permanência da cuidadora ao lado do doente estivesse mais relacionada a mau uso do patrimônio dele do que de a um vínculo afetivo. Então, diante dessas questões de conflitos patrimoniais e, principalmente, pelos riscos à segurança desse paciente, foi decidido contactar os filhos do paciente. Foi identificado um deles, residente em outro estado, que parecia ser o mais indicado para cuidar do pai. A equipe médica, através de contato telefônico, informou a esse filho os riscos de seu pai continuar sendo cuidado pela companheira, sugerindo a ele, caso não houvesse condições de assumir os cuidados do pai, que contratasse outra pessoa para a execução dessa tarefa ou optasse pela institucionalização do mesmo. O filho decidiu assumir os cuidados, trazendo o pai para sua residência. Os médicos envolvidos nesse atendimento julgaram de fundamental importância a garantia da manutenção da segurança desse indivíduo e para isso tanto a sua institucionalização quanto a substituição de seu cuidador foram procedimentos considerados como adequados.[92]

As primeiras reações dos idosos, diante de tal violência, envolvem sentimentos de medo, vergonha e até mesmo culpa pelo fracasso das relações familiares, redundando na omissão do acontecimento pela vítima e até mesmo a aceitação desta como parte natural das relações entre a família.

As marcas da agressão contra as vítimas idosas não são apenas físicas, mas também de ordem psicológica, e, às vezes, até moral. Elas parecem revelar o sentimento de incapacidade em lidar com os

---

[91] RAMOS, A., M.; KAMIZONO, S.; FERNANDES, M. S. L.; XAVIER, F.; *Maus-tratos a idosos: relato de casos e comentários sobre as intervenções médicas.* Disponível em: < http://www.amrigs.com. br/revista/49-03/rc03texto.htm>. Acesso em: 08. fev. 2006.

[92] Ibidem, sem página.

filhos, os netos, o(a) companheiro(a), e em enfrentar o mundo que o cerca.

Também o abandono é uma das formas silenciosas de violência contra o idoso. É muito comum os filhos, dentre outros familiares, abandonarem seus pais e parentes próximos em asilos ou outras instituições que prestam atendimento aos idosos, e essa situação constitui uma das formas mais graves e chocantes de violência:

> Causou espanto e tristeza o depoimento de Geraldo Kerche, 54 anos, dirigente do Lar Cristo Rei, estabelecimento mantido pela Sociedade São Vicente de Paulo de Belo Horizonte: "Há família que desaparece tão logo nos entregou o seu velho. Some no mundo. Não dá presença nem no caso de morte. O pobre do idoso falecido não teria sequer um enterro cristão se não nos encarregássemos de providenciá-lo. Não tomam conhecimento de sua morte, não comparecem ao velório, nada. É como se o velho nunca tivesse existido.[93]

Não é difícil imaginar a infelicidade que sente o idoso em estar vivendo em um asilo, longe da família, do seu lar, de sua casa, dos seus pertences particulares, sem contar com o ressentimento que existe com relação àquele que o internou lá.[94]

Também são comuns relatos de violência e negligência nessas casas asilares, por falta de preparo por parte dos cuidadores, que não são capacitados para estarem em tais funções, como também por não possuírem, tais entidades, a necessária estrutura para bem atenderem aos idosos.[95]

Dentre essas situações, pode-se lembrar o que ocorreu, não faz muito tempo, no Asilo Santa Genoveva, no Rio de Janeiro. Era uma clínica especializada em tratamento médico e acolhimento asilar de idosos.[96]

Em 30 de maio de 1996, O Globo publica a ocorrência de casos de intoxicação e mortes entre os idosos da Clínica Santa Genoveva, sendo esse o ponto de partida para a sucessão de notícias que o tema veio a provocar. Num primeiro momento, diz-se que a intoxicação foi provocada por alimentos contaminados oferecidos numa festa do Dia das Mães e trazidos pelos próprios parentes dos idosos. A

---

[93] MORENO, op. cit., p. 23.

[94] Ibidem, p. 23.

[95] CORTELLETTI, I.; CASARA, M. B; HERÉDIA, V. B. (Orgs.). *Idoso Asilado*: Um estudo gerontológico. Caxias do Sul, RS: EDUCS/EDIPUCRS, 2004.

[96] MORAES, Nilton Alves de. Santa Genoveva: memórias do horror. In: LEMOS, M. T. T. B.; ZAGAGLIA, R. A. (Org.) *A arte de envelhecer: saúde, trabalho, afetividade, Estatuto do Idoso*. Aparecida, SP: Idéia & Letras, 2004, p. 117-131.

informação fornecida pelos próprios funcionários da casa foi de que dos quarenta pacientes com intoxicação, 29 deles morreram.[97]

Argumentando que não se tratava de fatos isolados, mas que era questão de negligência, abandono e maus-tratos, também trouxe, o referido jornal, relato de próprios asilados sobre a situação de total negligência. Segundo uma asilada, de nome Benedita, os asilados passavam fome, não tinham atendimento médico, não havia comida, trazendo uma sensação de dúvidas quanto à possibilidade de futuro para esses indivíduos.[98]

O jornal O Globo trouxe e publicou os inúmeros e dramáticos relatos que precisam ser considerados, pela gravidade da situação. No presente trabalho, não se pretende fazer apologia a nenhum jornal, ou a outro meio jornalístico, mas não é possível ignorar a realidade que este e outros meios de comunicação noticiam diariamente em nosso país.

A Clínica Santa Genoveva apareceu associada à violência, à pobreza, ao abandono, à falta de prioridade política, à omissão pública e familiar, que marcam ou indicam uma situação de tragédia que constitui a velhice, principalmente entre as classes populares. Foi um dos raros consensos na sociedade e no noticiário, pois as notícias foram complementadas, através de fotografias produzidas ao longo dos fatos, em que os idosos foram apresentados como sinônimo de fragilidade, deterioração e abandono, como um alerta para a sociedade.[99]

Tornam-se comuns os casos de negligência e de maus-tratos em asilos, não somente por parte da família, que abandona o idoso lá, mas também por parte daqueles que deveriam cuidar dele, como enfermeiros, assistentes, cuidadores, configurando uma das manifestações da violência doméstica e familiar.

1.5. A necessidade de mudança de paradigma na proteção do idoso

Frank Schirrmacher, em seu livro *A Revolução dos Idosos*, faz uma análise do que muda no mundo com o aumento da população idosa. Ressalta que o envelhecimento é um fenômeno mundial e usa, para ilustrar essa realidade, a seguinte figura metafórica:

---

[97] MORAES, Nilton Alves de. Op. cit., p. 120.

[98] Ibidem, p. 124.

[99] Ibidem, p. 129.

É a experiência do trânsito na rua que nos é familiar desde a infância. A certa altura circulam pelas ruas só os mais novos modelos do ano e é exatamente essa seqüência que nos transmite a sensação de que o tempo está passando. O Opel Record de 1962, o Gordine de 1968 e o Fusca são como números em um calendário. Conosco acontece o contrário: cada vez mais gente vive cada vez mais tempo com outras pessoas, o que faz parecer que o tempo parou. Muitos de nós conviveremos com nossos pais, avós e bisavós ao mesmo tempo. Pela primeira vez está ocorrendo algo que não foi previsto pela evolução e que por ela deveria com todos os truques mortais: um grupo não mais capaz de se reproduzir, que há muito cumpriu sua função biológica, que não pode mais ser renovado e está sendo colocado à disposição da natureza constitui a maioria em uma sociedade. Pela primeira vez na história da humanidade, o número de idosos será maior que o de jovens.[100]

Ressalta tal autor, ainda, que a humanidade está às vésperas de uma revolução econômica, política e cultural, motivada por uma modificação demográfica radical, justamente em face do envelhecimento rápido da população, afirmando que o mundo, no futuro, será um grande asilo de velhos.[101]

Observa ele, também, que não estamos preparados para tal realidade, pois nossa sociedade foi construída com base na expectativa de vida do século XIX, e nossas instituições, o casamento, o Estado, as empresas e o sistema de previdência, como conhecemos hoje, vêm de uma época em que apenas 3% das pessoas ultrapassavam a barreira dos 65 anos.[102]

Destaca, ainda, que o que deve ocorrer é uma revolução cultural para o enfrentamento da questão do envelhecimento da população mundial, pois é necessário que ocorra a superação dos atuais preconceitos existentes contra os idosos, que são, hoje, tratados como um estorvo social, como seres improdutivos, maçantes e fracos.[103]

No entendimento de Simone de Beauvoir:

O velho não é, como entre os antropóides, o indivíduo que não é mais capaz de lutar, mas aquele que não pode mais trabalhar e que se tornou uma boca inútil. Sua condição nunca depende simplesmente dos dados biológicos: fatores culturais intervêm.[104]

Com o aumento dos idosos, a própria estrutura familiar terá que se adaptar, já que as famílias serão mais verticais, englobando os

[100] SCHIRRMACHER, Frank. *A Revolução dos Idosos*: o que muda no mundo com o aumento da população mais velha. Tradução de Maria do Carmo Ventura Wollny. Rio de Janeiro: Elsevier, 2005, p. 2.

[101] Ibidem, p. 4.

[102] Ibidem, p. 2.

[103] Ibidem, p. 3.

[104] BEAUVOIR, op. cit., p. 51.

filhos, os pais, os avós e, em alguns casos, até os bisavós, com várias gerações vivendo simultaneamente, razão pela qual a pessoa que está trabalhando terá de sustentar muito mais dependentes. Então, se não houver mudança do conceito de envelhecimento, o mundo será dividido entre a fração dos provedores e a dos egoístas.[105]

Coloca Schirrmacher, ainda, que, mundialmente, não seremos um povo de vovôs e vovós, já que, quando refletimos sobre a realidade de envelhecimento da população mundial, não podemos pensar em cadeira de balanço, contos de fada e meias de tricô, pois haverá muito menos netos, tendo o papel dos avós, como até então conhecíamos, ou seja, o de auxiliar no cuidado dos netos, e onde eles podiam demonstrar sua utilidade social, importância cada vez menor.[106]

Complementa Schirrmacher seu raciocínio com dados sobre o envelhecimento populacional do seu país, a Alemanha:

> Muitos avós vão partilhar entre si poucos netos. As crianças de 12 anos de hoje serão não só a faixa etária de maior expressão, a dos sexagenários, como também viverão em uma sociedade na qual os octogenários e mais velhos ainda representarão não mais os 4% de hoje (3,2 milhões), mas sim 12% da população (9,1 milhões). A metade do país terá mais de 48 anos e, segundo outros cálculos, até mesmo mais que 52 anos. Essa é uma sociedade que não tem quase nada mais a ver com a sociedade de hoje. Ela continuará tendo as mesmas auto-estradas e ferrovias, mas sua infra-estrutura psicológica – as relações entre as gerações – estará completamente transformada.[107]

Não somente as pessoas estão envelhecendo, mas também os povos inteiros. Observa o referido autor que os habitantes da velha Europa estão vivenciando nesse processo um paradoxo peculiar, ou seja, o ataque de duas frentes, daquela que vive mais e daquela que tem menos filhos. Sociedade e cultura serão tão abaladas como depois de uma guerra silenciosa e a dinâmica dos povos será marcada pela morte e não mais pelo nascimento.[108]

Schirrmacher explica, ainda, que:

> Em jogo estão nossas almas, mas não se trata aqui de sentimentalismos e sim de nossa autoconfiança e segurança e, com isso, da estabilidade da sociedade na qual viveremos. Em jogo está também interesse pessoal, interesse das próximas gerações. A discriminação dos idosos e da velhice está se tornando no mundo todo um prejuízo local de ordem econômica e espiritual. Só na China estarão vivendo em 2050 um número de idosos acima de 65 anos, o equivalente ao que vive hoje

[105] SCHIRRMACHER, op. cit., p. 8.

[106] Ibidem, p. 8.

[107] Ibidem, p. 8.

[108] Ibidem, p. 6.

em todo o mundo. Em vista de tal crescimento do número de idosos, a sociedade mais bem-sucedida será aquela cujas convicções religiosas e culturais conseguirem conceber a velhice de maneira criativa. Por mais paradoxo que pareça, nós, que estamos envelhecendo em uma sociedade em envelhecimento, somos ao mesmo tempo líderes e vítimas de uma nova onda de globalização. O outro é a crescente necessidade do mundo de dissuadir as pessoas exatamente dessa ansiedade de uma maneira mais ou menos clara. Em alguns países, tiram-se dos idosos suas casas, seus quintais e sua alimentação; em outras sociedades – e dessas fazemos parte – elas são roubados de sua autoconfiança e da vontade de viver.[109]

Dessa forma, cada vez há mais idosos no mundo, e, também, em nosso país. O aumento na expectativa da população e o conseqüente envelhecimento desta, também já era previsto por Beauvoir, para quem, dentre todos os fenômenos contemporâneos, o menos contestável, o mais certo em seu acontecimento, e considerado como de conseqüências mais pesadas, é o do envelhecimento da população.[110]

O que se propõe, então, na atualidade pós-moderna, é que:

O estereótipo do idoso decrépito, doente e senil, cedeu lugar a outro estereótipo, impensável há algumas décadas, representado pelo idoso ativo, aquele que, ou continua a trabalhar e a ser produtivo mesmo após a aposentadoria, ou viaja e se diverte normalmente, desfrutando da vida. O objetivo passa a ser o chamado "envelhecimento saudável", o qual pode ser construído com a adoção de um estilo de vida saudável. Esse conceito de velhice bem-sucedida é concebido a partir de contextos culturais específicos de certos grupos sociais com certa representação da vida humana e dos limites do homem para intervenção no corpo humano e representa o fim das divisões tradicionais e estanques entre as faixas etárias. O apagamento das idades como marcador importante das experiências vividas representa a transformação da velhice em um mecanismo privilegiado na criação de atores políticos e definição de novos mercados de consumo.[111]

Essa proposta de mudança de mentalidade também é reflexo de que com o aumento da população idosa deve ser obrigatória a mudança de nossos paradigmas, sem repetição de preconceitos e valores sem fundamento.

Num futuro próximo, várias gerações viverão simultaneamente, pois cada vez teremos mais "vovós" e menos "netos"; então, é necessária a mudança de paradigma, para que a pessoa idosa, por estar passando por um período muito especial em sua vida, seja respeitada e valorizada por toda a sociedade, e, principalmente, pelas gerações mais jovens.

---

109 SCHIRRMACHER, op. cit., p. 2-3.

110 BEAUVOIR, op. cit., p. 271-274, *passim*.

111 ROSA, op. cit., p. 30.

É importante conscientizarmo-nos de que o preparo do indivíduo, seja ele homem ou mulher, para enfrentar a nova etapa da vida, em que questões como de rejeição e de preconceito rondam diariamente seus lares, é vital para que ele possa desfrutar dignamente essa fase da vida.

Nesse sentido, observa-se que até os acidentes mais comuns, como quedas e fratura de membros, ocorrem em face da maior vulnerabilidade do idoso, consoante estudo recente de Maria Cecília de Souza Minayo, em que é esclarecido que o idoso:

> Por ser mais lento, não consegue atravessar no tempo estipulado pelos sinais nas ruas. Faltam também rampas e passarelas para travessia segura. Avenidas muito largas, carros em alta velocidade, tudo isso aumenta os riscos.[112]

A falta de políticas públicas, o isolamento social do idoso, a falta de respeito, a cultura de discriminação, tudo leva à violência contra o idoso, demonstrando que a sociedade precisa se organizar e o Estado atuar em prol dele, de maneira efetiva, pois, consoante Jussara Câmara, "Quem não cuida de seus idosos, não sabe também cuidar de si próprio".[113]

Veronese e Costa defendem a necessidade de cuidar do seio familiar, especialmente dos jovens, e, também, dos idosos, posto que os grupos históricos e culturais desfavorecidos, "seja a criança, o jovem, o idoso, a mulher, iniciam sua formação e, em conseqüência, seu processo de exclusão ou inclusão social pela família".[114]

Para isso, é necessária uma mudança estrutural e de mentalidade da sociedade:

> [...] pois o problema da violência não é fruto somente de questões vinculadas à economia e seus fracassos, ela está também relacionada com a falta de solidariedade, do egoísmo, da quebra de valores e da busca desenfreada de bens materiais. Chegamos a um estágio de nossas vidas em que não mais valorizamos o ser e sim o ter, e neste contexto vamos nos perdendo enquanto filhos, mães, pais, enfim, como seres humanos.[115]

Faz-se, assim "urgente recuperar o humanismo e impedir que toda a nossa construção civilizatória se volte contra si mesma, portanto, é imperioso que conquistemos a nossa real humanidade, reconhecendo a si mesmo e ao outro".[116]

---

[112] CÂMARA, op. cit., sem página.

[113] Ibidem, sem página.

[114] COSTA, M. M. M.; VERONESE, J. R, p. Violência doméstica contra a criança e o adolescente: uma leitura interdisciplinar. In: LEAL, R. G.; REIS, J. R. (Org.) *Direitos Sociais & Políticas Públicas – Desafios Contemporâneos. Tomo 4.* Santa Cruz do Sul: EDUNISC, 2004, p. 1129.

[115] Ibidem, p. 1138.

[116] Ibidem, p. 1138.

É fácil observar que não são poucos os relatos de violência contra o idoso, principalmente a doméstica e familiar,[117] já que nossa sociedade considera, regra geral, o idoso como pessoa dispensável, que não possui mais utilidade para a família, e isto é, sem dúvida um aspecto evidentemente cultural[118] que precisa ser superado.

Precisamos proteger o idoso, o que só será possível a partir de uma visão humanista, de garantia dos seus direitos, análise que será feita no próximo capítulo.

---

[117] COSTA, P. L.; Chaves, P. G. S. Ampliação da faixa etária nas ocorrências criminais e suas características relacionadas no Anuário de Estatísticas Criminal da Polícia Civil, de acordo com a Lei 8.842/94.Espaço acadêmico. Disponível em: <http://www.espaçoacademico.com.br/024/24 cppaulo.html.> Acesso em: 16 set. 2004.

[118] AGUSTINI, op. cit., p. 371.

2. *Humanismo, Direitos Humanos e Dignidade da Pessoa Humana*

Na análise da realidade do idoso, é imprescindível que haja uma visão humanista, que possa nos indicar um caminho mais digno para a chamada terceira idade, não só em face do aumento da população de idosos em nosso país, mas, principalmente, em função da violência praticada contra eles.

Necessário fixar, antes de mais nada, o que é Humanismo e como tal pensamento deve refletir na visão social do idoso e na sua proteção legal. Aliás, uma visão humanista deve estar no cerne de todo ordenamento jurídico de proteção a essa camada da população.

O movimento filosófico do Humanismo, aliás, coloca o homem no centro de todas as coisas, pois a partir do Humanismo decorrem os direitos humanos, sendo estes os direitos do homem reconhecidos em nível internacional.

Após analisar o Humanismo como um necessário pensamento para entender a questão do idoso, será importante a análise dos direitos do idoso, na ótica dos direitos humanos, inclusive sob a ótica dos direitos fundamentais, compreendidos estes como os direitos humanos que são reconhecidos pela carta constitucional de um país.

Finalmente, faz-se importante discorrer, dentro dos direitos humanos e fundamentais, sobre a Dignidade da Pessoa Humana,[119] sua

---

[119] SARLET, Ingo Wolfgang. As dimensões da dignidade da pessoa humana: construindo uma compreensão jurídico constitucional necessária e possível. In: ——. (Org.). *Dimensões da dignidade: ensaios de Filosofia do Direito e Direito Constitucional*. Porto Alegre: Livraria do Advogado, 2005, p. 37, define Dignidade da Pessoa Humana como sendo: "[...] a qualidade intrínseca e distintiva reconhecida em cada ser humano que o faz merecedor do mesmo respeito e consideração por parte do Estado e da comunidade, implicando, neste sentido, um complexo de direitos e deveres fundamentais que assegurem a pessoa tanto contra todo e qualquer ato de cunho

origem e atual definição de seu conteúdo, bem como sobre a importância que seu reconhecimento e respeito implicam no mundo atual.

2.1. O Humanismo

Humanismo é uma corrente filosófica que pensa o mundo embasado no ser humano, afirmando que o homem é o valor mais importante de uma sociedade e que todos os seres humanos são iguais, inclusive em seus direitos de compartilhar idéias e crenças diferentes. Sua postulação básica é, sem dúvida, a exaltação da Dignidade Humana, e, em termos históricos, as primeiras referências a filosofias semelhantes ao Humanismo surgiram na Antigüidade, produzidas pelos filósofos da Grécia Antiga[120] (séc. V a.C.).[121]

Leal observa que o estoicismo, movimento que surgiu por volta do ano 300 a.C, em Atenas, mas que diretamente influenciou a cultura humana até cerca de 200 d.C., fez contribuições importantes para o Humanismo. O estoicismo, especificamente, enfrentava questões como a moral, a importância do raciocínio para o conhecimento da natureza, dos princípios de entreajuda entre os indivíduos e do valor de se levar uma vida feliz.[122]

As preocupações dos humanistas na Antiguidade[123] eram concentradas nos seres humanos. Eles aceitavam a razão do homem como a base de toda a percepção de mundo e das coisas; acreditavam na existência de uma ordem universal, reguladora de tudo e

---

degradante e desumano, como venham a lhe garantir as condições existenciais mínimas para uma vida saudável, além de propiciar e promover sua participação ativa e co-responsável nos destinos da própria existência e da vida em comunhão com os demais seres humanos".

120 LEAL, Rogério Gesta. Direitos Humanos e Humanismo: uma necessária integração. In: MEZZAROBA, Orides (Org.) *Humanismo Latino e Estado no Brasil*. Florianópolis: Fundação BOAITEUX, 2003, p. 318.

121 BITTAR, E. C. B.; ALMEIDA, G. A de. *Curso de Filosofia do Direito*. 4. ed. São Paulo: Atlas, 2005, p. 24.

122 Ibidem, p. 318.

123 JOLIVET, Régis. *Curso de Filosofia*. Cours de Philosophe. Tradução de Eduardo Prado de Mendonça. 9.ed. Rio de Janeiro: Livraria Agir Editora, 1968, p. 430-431.

Observa-se que, para Régis Jolivet, quando este, didaticamente estabelece um quadro histórico das escolas de filosofia, informa que na Antigüidade distinguimos a filosofia grega e a filosofia romana, e a filosofia grega, em seu período pré-socrático inicia-se em aproximadamente 640 a.C., passando pelo período socrático, em 470 a.C.; e a filosofia romana inicia-se por volta de 95 a.C. até 430 (ano da tomada de Roma por Alarico). Então, para o referido autor, o período da Antiguidade pode ser mensurado como sendo, aproximadamente, o período entre 640 a.C. até 430, pois posteriormente teremos, historicamente, o período da Idade Média.

de todos e também acreditavam numa lei natural que se aplicava a todos os seres humanos.[124]

Já no Renascimento,[125] surgido na Europa após os excessos da Igreja Católica na Idade Média, o Humanismo, para Leal, "constitui um ponto de viragem nas preocupações com as falsas imoralidades e colocou ênfase na importância de se viver a vida com prazer",[126] sendo fruto de um redimensionamento e recolocação do homem como ponto central da civilização. Há um florescimento do pensamento e das artes, com uma nova ênfase no indivíduo e nas suas necessidades.

Destaca Cretella Júnior que na época renascentista foi o movimento humanístico que era a corrente filosófica que tem por elemento fundamental o homem. Conceitua que, em sentido amplo, humanismo é a preocupação do homem relativamente ao homem. É o estudo universal dos valores humanos, também definido como a procura profunda e constante do que há de melhor, de mais humano, para um posterior aproveitamento e uma reafirmação do ser máximo da criação.[127] Nesse sentido, o autor destaca que:

> Este o sentido perene, que nos vem desde a antigüidade e que foi expresso pela boca de um dos personagens de Terêncio, ao exclamar: "Sou homem e nada do que é humano deve ser estranho às minhas cogitações". Neste sentido, pode sustentar-se que a mensagem do humano se transmite não apenas através de certas obras do passado greco-latino, mas através de qualquer obra que reúna, em si, aquelas notas magníficas e constantes que levam o homem a um reexame de si mesmo, melhorando-o, humanizando-o, encontrando dentro de si algo do infinito.[128]

A Renascença, na verdade, representou o ressurgimento daquele Humanismo da Antigüidade, num período histórico que foi pródigo em regressar ao passado clássico, ou seja, à Grécia Antiga (séc. V a.C.), à sua arte e cultura, influenciando a educação, que passou a

---

[124] LEAL, op. cit., 2003, p. 319.

[125] CRETELLA JÚNIOR, José. *Curso de filosofia do direito*; prólogo de Giorgio Del Vecchio. 10. ed. Rio de Janeiro, Forense, 2004, p. 123-124, passim, observa que a Idade Média fecha um grande período da história da humanidade, que possuía como principais características o conformismo, a submissão e o profundo respeito à autoridade do mestre. Já o Renascimento, ao contrário, abre um nítido momento histórico da humanidade, que possui como principais características a rebeldia, a insubmissão e a revolta contra a autoridade. Define-se, então, o Renascimento, nas ciências históricas, como sendo o grande processo de renovação literária, artística, científica e filosófica que ocorreu na Europa, nos séculos XV e XVI, particularmente sob a influência da cultura antiga greco-romana. Teve como causa estimulante a descoberta da imprensa que divulgou as grandes obras da antigüidade e da gravura que mostrou ao mundo as obras de arte. Nesse período, o espírito crítico se coloca em primeiro plano. Ocorre que há uma perda de confiança nos fundamentos em que repousava o homem medieval.

[126] LEAL, op. cit., 2003, p. 319.

[127] CRETELLA JÚNIOR, op. cit., p. 124-125, *passim*.

[128] Ibidem, p. 124.

incluir o estudo do Humanismo. Foi um período em que a Europa iniciou a sua longa caminhada para a secularização, que conduziria ao afastamento da Igreja dos caminhos do poder.[129]

Assim, consoante ensina Leal, "Tal como os humanistas da Antigüidade, os filósofos do Iluminismo acreditavam na razão, foi inclusive o Iluminismo também conhecido como Idade da Razão",[130] tendo como objetivo criar uma base moral, religiosa e política diversa da até então existente na Idade Média, preocupada com o Homem e sua intertemporalidade, dando ênfase à luta pelos direitos mais fundamentais do ser humano, como a liberdade, dignidade e, principalmente, a sua vida.[131]

Nesse sentido, muito embora seja a Renascença apontada como o momento histórico do ressurgimento de tal corrente de pensamento, como escola literária e filosófica, é indubitável que não foi apenas nesse momento que o homem teve interesse, pela primeira vez, por suas próprias questões e pelo seu próprio destino, pois isso ocorreu durante toda a história da civilização. O Renascimento é um ponto de auge, sendo conseqüência e uma tentativa de volta ao Humanismo clássico greco-romano,[132] pois:

> Em sentido restrito, o vocábulo humanismo tem acepção local e precisa, designando o movimento espiritual ocasionado pelos "humanistas" do Renascimento, a saber, Petraca, Poggio, Volla, Erasmo, Ramus (Pierre La Ramée), Budé, e que se caracteriza pelo esforço em erguer a dignidade do espírito humano, valorando-a, ao mesmo tempo que, saltando pela idade média e pela escolástica, que são criticadas e postas de lado, em retomar o fio do pensamento clássico, adaptando-o aos novos tempos. É a tendência que, na época do renascimento, despertou o amor e o culto à antiguidade clássica, considerada como um exemplo de afirmação de independência do espírito humano e, portanto, de seu valor autônomo e dignidade.[133]

Toda e qualquer expressão do Humanismo ocorre conforme o momento histórico vivido pela sociedade. Nesse sentido, para

---

129 LEAL, op. cit., 2003, p. 319-320.

130 Ibidem, p. 319-320.

131 BOBBIO, N.; MATTEUCCI, N.; PASQUINO, G. *Dicionário de Política*. Tradução de Carmem C. Varriale, Gaetano Lo Mônaco, João Ferreira, Luís Guerreiro Pinto Caçais e Renzo Dini. 2. ed. Brasília: EDUnB, 1986, p. 605, explicam que: "O termo Iluminismo indica um movimento de idéias que tem suas origens no século XVII (ou até talvez nos séculos anteriores, nomeadamente no século XV, segundo interpretação de alguns historiadores), mas que se desenvolve especialmente no século XVIII, denominado por isso o "século das luzes". Esse movimento visa estimular a luta da razão contra a autoridade, isto é, a luta da "luz" contra as "trevas". Daí o nome de Iluminismo, tradução da palavra alemã *Aufklärung*, que significa aclaração, esclarecimento, iluminação. O Iluminismo é, então, uma filosofia militante de crítica da tradição cultural e institucional; seu programa é a difusão do uso da razão para dirigir o progresso da vida em todos os aspectos".

132 AGUSTINI, op. cit., p. 373.

133 CRETELLA JÚNIOR, op. cit., p. 124.

Agustini, "os séculos XIX e XX foram prolíferos em novos humanismos. É possível falar-se de humanismos cristãos, ateus, marxistas, existencialistas e científicos (de tradição positiva) entre outros".[134] Interessante é o surgimento de vários e "novos" humanismos com o desenvolver da sociedade, como ocorre atualmente na preocupação quanto aos direitos do idoso, dentro de uma ótica humanista.

Conforme Barcellos, foi nas primeiras décadas do século XX que a concepção humanista já havia se transformado num conhecimento comum do mundo civilizado, de forma que as Constituições procuravam consagrar os direitos individuais, como também alguma forma de separação de poderes.[135]

O objetivo final do Humanismo centra-se, então, na construção de um mundo melhor, para todos os homens, sendo o caráter ético-sociológico de tal corrente filosófica, conforme Agustini esclarece, "como uma aposta civilizadora e de desenvolvimento, e que deve procurar fugir das utopias tradicionais, tornando-se uma arma efetiva na luta contra as desigualdades e exclusão social".[136]

Atualmente, início do século XXI, devido ao momento histórico pelo qual passa a civilização mundial e, principalmente, ao fato de o homem estar diante do fenômeno da globalização, surge a proposta de um "novo Humanismo", próprio de um mundo globalizado, onde o próprio Humanismo deve acompanhar tal realidade, universalizando-se em benefício de todo o planeta e de todas as pessoas.[137]

E esse novo Humanismo acentua a dimensão da liberdade do ser humano, na visão de Salvatore Puledda, citado por Agustini, pois não é apenas um fenômeno natural, com um corpo e uma essência definida, "mas é um "projeto" de transformação do mundo natural e de si mesmo".[138]

Seria um Humanismo utópico, buscando a eliminação de toda e qualquer violência e discriminação contra o homem, a fim de preservar sua intencionalidade, sua liberdade, seus desejos e suas vontades.[139] E, por isso, para os Humanistas, não há um conceito pronto sobre o Humanismo, pois este está em constante construção, sendo

[134] AGUSTINI, op. cit., p. 374.

[135] BARCELLOS, Ana Paula de. *A eficácia jurídica dos princípios constitucionais*: O princípio da Dignidade da Pessoa Humana. Rio de Janeiro: Renovar, 2002, p. 107-108, *passim*.

[136] AGUSTINI, op. cit., p. 372-373.

[137] Ibidem, p. 375.

[138] Ibidem, p. 375.

[139] Ibidem, p. 375.

o homem desde os gregos, na Antiguidade, considerado o centro de todas as coisas.[140]

Também observa José Alcebíades de Oliveira Júnior que "desde os gregos o homem ocupa lugar de destaque no mundo"[141] e que, na expressão de Pitágoras, "o homem é a medida de todas as coisas".[142]

Logo, uma definição de Humanismo, e nem poderia ser diferente, está atrelada diretamente ao momento histórico de cada povo, razão pela qual compreender o momento histórico de uma determinada sociedade, então, é fundamental para entender o Humanismo e suas concepções, inclusive quanto ao Estado brasileiro atual.[143]

O Humanismo é um eterno movimento, fruto de uma busca incessante de uma vida melhor para todos, não sendo possível estabelecer dele definição hermética, pronta, acabada, já que está em constante mutação e sempre colocando o homem como medida de todas as coisas.

2.2. Direitos Humanos e Direitos Fundamentais

Após a análise da concepção humanista, em que o homem é colocado como medida de todas as coisas, é necessário analisar a correlação entre Humanismo, direitos humanos e direitos fundamentais, para melhor compreender os direitos do idoso e demonstrar a necessidade de modificação do paradigma que envolve a questão de violência e de falta de atuação estatal na proteção dessas pessoas.

E, nesse sentido, o Humanismo, que coloca o homem no centro do mundo, possui uma relação de dependência com os direitos mais básicos e importantes do homem, principalmente os direitos humanos.

Alexandre de Moraes define os direitos humanos fundamentais como:

> O conjunto institucionalizado de direitos e garantias do ser humano que tem por finalidade básica o respeito a sua dignidade, por meio de sua proteção contra o arbítrio

[140] BRANDÃO, Paulo de Tarso. Humanismo, velhice e Direito. In: MEZZAROBA, Orides (Org.) *Humanismo Latino e Estado no Brasil*. Florianópolis: Fundação BOAITEUX, 2003, p. 125-126.

[141] OLIVEIRA JUNIOR, José Alcebíades de. *Humanismo e solidarismo para um Brasil melhor*. Porto Alegre: Associação Humanista do Estado do Rio Grande do Sul, 2001, p. 6.

[142] Ibidem, p. 6.

[143] BRANDÃO, op. cit., p. 129.

> do poder estatal e o estabelecimento de condições mínimas de vida e desenvolvimento da personalidade humana.[144]

Observa-se que uma das características dos direitos humanos é sua universalidade. Não são fruto de invenção política ou qualquer imposição estatal, mas são produtos da história, por isso muito difícil, além de dar a eles uma definição pronta e acabada, precisar seu surgimento, pois os fatos históricos não são precisos, ou seja, não há como precisar uma data exata para o surgimento dos direitos, mas, sim, o período histórico em que surgiram e por que surgiram.[145]

Portanto,

> [...] os direitos do homem, por mais fundamentais que sejam, são direitos históricos, ou seja, nascidos em certas circunstâncias, caracterizadas por lutas em defesa de novas liberdades contra velhos poderes, e nascidos de modo gradual, não todos de uma vez e nem de uma vez por todas.[146]

Não há uma conceituação definitiva dos direitos humanos, pois eles também são frutos da história, em permanente mutação. Todavia, alerta Gorczevski que:

> Trata-se de uma forma abreviada e genérica de se referir a um conjunto de exigências e enunciados jurídicos que são superiores aos demais direitos, quer por entendermos que estão garantidos por normas jurídicas superiores, quer por entendermos que são direitos inerentes ao ser humano. Inerentes no sentido de que não são meras concessões da sociedade política, mas nascem com o homem, fazem parte da própria natureza humana e da dignidade que lhe é intrínseca; e são fundamentais, porque sem eles o homem não é capaz de existir, de se desenvolver e participar plenamente da vida; e são universais, porque exigíveis de qualquer autoridade política em qualquer lugar. Eles representam as condições mínimas necessárias para uma vida digna.[147]

Bobbio observa que não é possível falar em proteção aos direitos do homem se ignorarmos a realidade atual de guerras e miséria em todo o mundo.[148] Para ele, a proteção dos direitos do homem está ligada diretamente ao desenvolvimento global do ser humano, não sendo possível analisá-los fora da realidade, preconizando que:

---

[144] MORAES, Alexandre. *Direitos humanos fundamentais*. 2 ed. São Paulo: Atlas, 1998, p. 39.

[145] GORCZEVSKI, Clovis. *Direitos Humanos*: dos primórdios da humanidade ao Brasil. Porto Alegre: Imprensa Livre, 2005, p. 18.

[146] BOBBIO, Norberto. *A era dos direitos*. Tradução de Carlos Nelson Coutinho. Rio de Janeiro: Campus, 1992, p. 5.

[147] GORCZEVSKI, op. cit., p. 17.

[148] BOBBIO, op. cit., 1992, p. 45.

> A efetivação de uma maior proteção dos direitos do homem está ligada ao desenvolvimento global da civilização humana. É um problema que não pode ser isolado, sob pena, não digo de não resolvê-lo, mas de sequer compreendê-lo em sua real dimensão. Quem o isola já o perdeu. Não se pode pôr o problema dos direitos do homem abstraindo-o dos dois grandes problemas do nosso tempo, que são os problemas da guerra e da miséria, do absurdo contraste entre o excesso de *potência* que criou as condições para uma guerra exterminadora e o excesso de *impotência* que condena grandes massas humanas à fome. Só nesse contexto é que podemos nos aproximar do problema dos direitos com senso de realismo.[149]

Direitos humanos são um fenômeno social da civilização humana, conforme cada momento histórico das sociedades, não concordando Bobbio, entretanto, que os direitos ditos humanos são produto da natureza, mas, sim, da civilização humana. E, enquanto direitos históricos, eles são mutáveis, ou seja, suscetíveis de transformação e de ampliação.[150]

Todavia, é importante considerar os direitos humanos como um conceito jurídico, também, com o objetivo de defender os direitos da pessoa humana, constitucionalmente, e até, internacionalmente, contra abusos cometidos pelos órgãos do Estado e, dessa forma, promover as condições dignas de desenvolvimento da pessoa humana.[151]

Por isso, ocorre uma diferenciação entre direitos humanos e direitos fundamentais, sendo aqueles os direitos inerentes do ser humano.[152] Já direitos fundamentais seriam os direitos positivados na legislação constitucional de um determinado Estado.

Haveria uma diferenciação doutrinária na definição de direitos humanos e direitos fundamentais, sendo o primeiro mais aplicado aos direitos naturais ou internacionais, enquanto o conceito de direitos fundamentais está ligado àqueles direitos do ser humano, que são reconhecidos e positivados, na esfera do direito constitucional positivo.[153]

Atualmente, observa-se que há uma grande confusão entre os dois termos, por mais que esta não seria inaceitável, pois os dois

---

149 BOBBIO, op. cit., 1992, p. 5.

150 Ibidem, p. 32.

151 LEAL, op. cit., 2003, p. 320.

152 LEAL, Rogério Gesta. *Direitos Humanos no Brasil*: desafios à democracia. Porto Alegre: Livraria do Advogado; Santa Cruz do Sul: EDUNISC, 1997. Faz um estudo detalhado dos direitos humanos, muito além do que aqui se faz necessário, já que a pretensão do presente estudo é apenas demonstrar a importância e a inter-relação entre direitos humanos, fundamentais e Humanismo.

153 RITT, Eduardo. *O Ministério Público como instrumento de democracia e garantia constitucional*. Porto Alegre: Livraria do Advogado, 2002, p. 52.

termos designam o mesmo conceito e conteúdo, sendo que não há dúvidas de que os direitos humanos e os direitos fundamentais possuem o sentido de que seu titular será sempre o ser humano, mesmo quando representado por entes coletivos, como grupos, povos ou nações.[154]

Esclarece Sarlet, ainda, que:

> Em que pese sejam ambos os termos ("direitos humanos" e "direitos fundamentais") comumente utilizados como sinônimos, a explicação corriqueira e, diga-se de passagem, procedente para a distinção é de que o termo "direitos fundamentais" se aplica para aqueles direitos do ser humano reconhecidos e positivados na esfera do direito constitucional positivo de determinado Estado, ao passo que a expressão "direitos humanos" guardaria relação com os documentos de direito internacional, por referir-se àquelas posições jurídicas que se reconhecem ao ser humano como tal, independentemente de sua vinculação com determinada ordem constitucional, e que, portanto, aspiram à validade universal, para todos os povos e tempos, de tal sorte que revelam um inequívoco caráter supranacional (internacional).[155]

O referido autor observa que a definição, para alguns, de que o termo direitos humanos poderia ser equiparado aos direitos naturais também não pode ser considerada correta, pois a própria positivação em normas de direito internacional, revela, objetivamente, toda a dimensão histórica dos direitos humanos, e que com a positivação despreendem-se da idéia, defendida pelos jusnaturalistas, de serem um direito natural.[156]

Bobbio observa que os direitos humanos devem ser reconhecidos e positivados, pois o problema fundamental em relação aos direitos do homem, atualmente, não é tanto o de justificá-los, mas sim o de protegê-los.[157]

Portanto, a proteção dos direitos humanos passa pela sua positivação, inclusive com o objetivo de protegê-los contra os abusos do próprio Estado e, ainda, para fazê-los efetivos, exigindo-se do Estado a sua efetivação.

Quanto aos momentos históricos de conquista da positivação dos direitos humanos, para daí serem considerados direitos fundamentais, através de sua previsão em cartas constitucionais, doutrinariamente, são apresentadas três etapas da evolução dos direitos fundamentais, até seu reconhecimento nas primeiras Constituições escritas: a) uma fase pré-histórica, que se estende até o século XVI; b)

---

[154] SARLET, Ingo Wolfgang. *A eficácia dos direitos fundamentais*. 4. ed. Porto Alegre: Livraria do Advogado, 2004, p. 35.

[155] Ibidem, p. 35-36.

[156] Ibidem, p. 36.

[157] BOBBIO, op. cit., 1992, p. 24.

uma fase intermediária, que corresponde ao período de elaboração da doutrina jusnaturalista e da afirmação dos direitos naturais do homem; e, finalmente, c) a fase da constitucionalização, iniciada em 1776, com as sucessivas declarações de direitos dos novos Estados americanos.[158]

Observa-se que na pré-história dos direitos humanos, os valores da dignidade da pessoa humana, da liberdade e da igualdade dos homens encontravam-se nas doutrinas definidas como jusnaturalistas, como filosofia, religião e direito natural.[159]

Na fase intermediária dos direitos humanos, foi através das teorias contratualistas que a doutrina jusnaturalista teve seu ápice,[160] através da laicização do direito natural, que teve seu apogeu no Iluminismo, afirmando os direitos do homem, tendo esse processo de elaboração doutrinária dos direitos fundamentais também acompanhado de uma recepção, no direito positivo, dos valores trazidos por esses direitos:

> Primeiro, na Inglaterra da Idade Média, no século XIII, com a *Magna Charta Libertatum*, pacto firmado em 1215 pelo Rei João Sem-Terra, que serviu como ponto de referência para alguns direitos e liberdades civis clássicos.
>
> Também importantes foram as declarações de direitos inglesas do século XVII, notadamente a *Petition of Rights*, de 1628, o *Habeas Corpus Act*, de 1679, e o *Bill of Rights*, de 1689, e, ainda, no início do século XVIII, o *Establishment Act*, de 1701, que limitavam o poder real e positivavam alguns direitos humanos.
>
> Em 20 de junho de 1776, sobrevém a Declaração de Direitos do povo da Virgínia (na América), com base em premissas teóricas do iluminismo e do contratualismo, a primeira que marca a transição dos direitos de liberdade legais inglesas para os direitos fundamentais constitucionais, [...].[161]

A Declaração dos Direitos do povo da Virgínia pode ser considerada como a primeira declaração de direitos em sentido moderno, pois expressou que todos os homens são por natureza igualmente livres e independentes, possuindo direitos considerados inerentes, dos quais não podem ser privados, quando ingressam no estado social, e nem por contrato podem deles abrir mão, como quanto em relação à vida e liberdade, quanto aos meios de adquirir e possuir propriedade, e perseguir e obter sua felicidade e segurança.[162]

---

[158] SARLET, op. cit., 2004, p. 43.

[159] RITT, op. cit., p. 52.

[160] Ibidem, p. 52-53. As teorias contratualistas, conforme o referido autor, tiveram como principais expoentes Rousseau, na França, T. Paine, na América e com Kant, na Alemanha (Prússia).

[161] Ibidem, p. 53-54.

[162] LEAL, op. cit., 1997, p. 32.

A Declaração dos Direitos do povo da Virgínia trouxe, ainda, a previsão de que a separação dos poderes é premissa fundamental de organização de todo Estado. Estabeleceu a garantia e importância de liberdade de imprensa, o direito de o acusado conhecer a causa de sua detenção, como também o de ser julgado, da forma mais célere possível, por juízes que sejam imparciais. Também estabeleceu que nenhum homem pode ser privado de sua liberdade, somente de acordo com a lei de seu país e conforme o julgamento de seus pares.[163]

Nesse sentido:

> A Convenção de Virgínia incorpora virtualmente os direitos e liberdades já reconhecidas, sendo que, pela primeira vez, os direitos naturais são acolhidos e positivados como direitos fundamentais constitucionais, iniciando a fase de constitucionalização dos direitos humanos.[164]

Também a Declaração dos Direitos do Homem e do Cidadão de 1789, que teve inspiração de cunho jusnaturalista, reconheceu ao ser humano direitos naturais, advindos da revolução que derrubou o antigo regime e instaurou a ordem burguesa na França. Nesta, todos os direitos individuais passam a apresentar, uma característica comum, que é a de limitar o Estado, conseqüência da orientação burguesa da época, não impondo qualquer serviço positivo ou prestação em benefício dos cidadãos.[165]

Observa-se que a Declaração dos Direitos do Homem e do Cidadão é considerada de suma importância para a constitucionalização e o reconhecimento dos direitos e das liberdades fundamentais nas constituições do século XIX, causando também a afirmação do Estado de Direito, conforme sua concepção liberal-burguesa. Foi com a referida declaração que tais valores foram universalizados, não como direitos de um povo, como ocorreu na Convenção da Virgínia, que foi destinada aos cidadãos americanos, mas como direitos de todos os indivíduos.[166]

No âmbito das primeiras constituições escritas, surgem os chamados direitos fundamentais de primeira dimensão,[167] que fo-

---

163 LEAL, op. cit., 1997, p. 32.

164 RITT, op. cit., p. 54.

165 Ibidem, p. 54.

166 Ibidem, p. 54-55.

167 A doutrina usa indistintamente os termos "dimensão" e "geração" de direitos quando indica as mutações históricas que os referidos direitos tiveram na história da sociedade humana, sempre num processo de expansão, cumulação e fortalecimento. Observa-se que o melhor entendimento é no sentido de que o reconhecimento progressivo de novos direitos fundamentais é um processo cumulativo, de complementariedade, e não de alternância, superação

ram conseqüência do pensamento liberal-burguês do séc. XVIII, de cunho individualista, que afirma o direito do indivíduo perante o Estado, sendo mais especificamente os chamados direitos de defesa, que passam a demarcar uma zona de defesa, ou seja, de não-intervenção do Estado e garantindo uma esfera de autonomia individual diante do poder estatal.[168]

Tais direitos possuem relação direta com o constitucionalismo clássico e com o Estado de Direito Liberal, traduzindo a tomada do poder pela burguesia. Do conhecido lema "liberdade, igualdade e fraternidade", trazido pela Revolução Francesa, os direitos humanos de primeira dimensão são definidos como sendo os direitos de liberdade, os direitos negativos, que valorizam o homem, no sentido singular, que compõem a sociedade liberal. Garantem ao homem singular a não-intervenção do Estado em sua liberdade, garantindo-a perante este, dentro dessa conquista e ideologia liberal e burguesa.[169]

A Revolução Industrial, ocorrida nos séculos XVIII e XIX, principalmente na Inglaterra, traz como conseqüência inúmeros problemas sociais, como refere Sarlet:

> O impacto da industrialização e os graves problemas sociais e econômicos que a acompanharam, as doutrinas socialistas e a constatação de que a consagração formal de liberdade e igualdade não gerava a garantia do seu efetivo acabaram, já no decorrer do século XIX, gerando amplos movimentos reivindicatórios e o reconhecimento progressivo de direitos, atribuindo ao Estado comportamento ativo na realização da justiça social. A nota distintiva destes direitos é a sua dimensão positiva, uma vez que se cuida não mais de evitar a intervenção do Estado na esfera da liberdade

---

ou exclusão. No ensinamento de SARLET, op. cit., 2004, p. 53: "Costuma-se, neste contexto, marcado pela autêntica mutação histórica experimentada pelos direitos fundamentais, falar da existência de três gerações de direitos, havendo, inclusive, quem defenda a existência de uma quarta geração. Num primeiro momento, é de se ressaltarem as fundadas críticas que vêm sendo dirigidas contra o próprio termo 'gerações' por parte da doutrina alienígena e nacional. Com efeito, não há como negar que o reconhecimento progressivo de novos direitos fundamentais tem o caráter de um processo cumulativo, de complementariedade, e não de alternância, da tal sorte que o uso da expressão 'gerações' pode ensejar a falsa impressão da substituição gradativa de uma geração por outra, razão pela qual há quem prefira o termo 'dimensões' dos direitos fundamentais, posição esta que aqui apontamos por perfilhar, na esteira da mais moderna doutrina. Neste contexto, aludiu-se, entre nós, de forma notadamente irônica, ao que se chama de 'fantasia das chamadas gerações de direitos', que além da imprecisão terminológica já consignada, conduz ao entendimento equivocado de que os direitos fundamentais se substituem ao longo do tempo, não se encontrando em permanente processo de expansão, cumulação e fortalecimento. Ressalta-se, todavia, que a discordância reside essencialmente na esfera terminológica, havendo, em princípio, consenso no que diz com o conteúdo das respectivas dimensões e 'gerações' de direitos, já até se cogitando de uma quarta dimensão".

[168] RITT, op. cit., p. 55.

[169] Ibidem, p. 55-56.

individual, mas, sim, na lapidar formulação de C. Lafer, de propiciar um "direito de participar do bem-estar social.[170]

Diante da referida realidade social de industrialização, que produz inúmeras seqüelas sociais, passa a ocorrer a exigência social, no referido momento histórico, dos denominados direitos humanos de segunda dimensão, definidos como sendo direitos sociais, econômicos e culturais, bem como direitos coletivos ou de coletividade, que foram introduzidos no constitucionalismo das várias formas de Estado Social, no final do século XIX e no início do século XX.[171]

Na segunda dimensão de direitos, não se trata de zelar pela liberdade do indivíduo perante o Estado, mas da liberdade por intermédio do Estado. Caracteriza-se, principalmente, pelo fato e essa dimensão de direitos outorgar aos indivíduos o direito a prestações sociais estatais, como assistência social, saúde, educação, trabalho, dentre outros direitos sociais. São direitos típicos do Estado Social, que advêm dessa crise do capitalismo, que a industrialização provocou, como também das relações entre capital e trabalho.[172]

Especialmente após a 2ª Guerra Mundial, novos valores são agregados aos direitos fundamentais, principalmente os que dizem respeito à questão ecológica e principalmente com relação à paz entre os povos. São os denominados direitos humanos de terceira dimensão, também denominados direitos de fraternidade ou de solidariedade,[173] trazendo como nota distintiva:

> [...] o fato de se desprenderem, em princípio, da figura do homem-indivíduo como seu titular, destinando-se à proteção de grupos humanos (família, povo, nação), e, caracterizando-se, conseqüentemente, como direitos de titularidade coletiva ou difusa. Para outros, os direitos de terceira dimensão têm por destinatário precípuo "o gênero humano mesmo, num momento expressivo de sua afirmação como valor supremo em termos de existencialidade concreta". Dentre os direitos fundamentais da terceira dimensão consensualmente mais citados, cumpre referir os direitos à paz, à autodeterminação dos povos, ao desenvolvimento, ao meio ambiente e qualidade de vida, bem como o direito à conservação e utilização do patrimônio histórico e cultural e o direito de comunicação. Cuida-se, na verdade, do resultado de novas reivindicações fundamentais do ser humano, geradas, dentre outros fatores, pelo impacto tecnológico, pelo estado crônico de beligerância, bem como pelo processo de descolonização do segundo pós-guerra e suas contundentes conseqüências, acarretando profundos reflexos na esfera dos direitos fundamentais.[174]

---

170 SARLET, op. cit., 2004, p. 55.

171 RITT, op. cit., p. 56.

172 Ibidem, p. 56.

173 Ibidem, p. 57.

174 SARLET, op. cit., 2004, p. 56 – 57.

A terceira dimensão de direitos tem titularidade coletiva, que é indefinida e indeterminável, exemplifica-se através da tutela ao meio ambiente. Há a necessidade, no âmbito do direito, da criação de técnicas novas, que garantam e protejam esse direito fundamental. Ainda há resistência quanto à positivação desses direitos, por mais que, internacionalmente, através de tratados, tal já começa a ocorrer.[175]

Atualmente, já se defende a existência da quarta e até quinta dimensão dos direitos humanos. Os de quarta dimensão seriam os direitos relacionados à manipulação genética, estando relacionados à biotecnologia e à bioengenharia, e que tratam de questões sobre a vida e a morte, exigindo uma discussão ética prévia. Os de quinta dimensão, por sua vez, são os que surgem com a chamada realidade virtual, devido ao grande desenvolvimento da cibernética em nossa atualidade, pois tal tecnologia implica rompimento de fronteiras, estabelecendo até conflitos entre países que possuam realidades distintas.[176]

Observa-se, mais uma vez, que os direitos humanos são sempre um produto histórico, que nascem de lutas que buscam preservar a liberdade e garantir a igualdade entre as pessoas. Assim, os direitos fundamentais, sendo individuais, coletivos ou difusos, sempre dizem respeito à proteção da vida, da liberdade, da igualdade, como também da dignidade humana.[177]

Conforme Bobbio, sempre nascem com o objetivo de resguardar a dignidade e a centralidade do homem:

> Mais uma prova, se isso ainda fosse necessário, de que os direitos não nascem todos de uma vez. Nascem quando devem ou podem nascer. Nascem quando o aumento do poder do homem sobre o homem – que acompanha inevitavelmente o progresso técnico, isto é, o progresso da capacidade do homem de dominar a natureza e os outros homens – ou cria novas ameaças à liberdade do indivíduo, ou permite novos remédios para as suas indigências: ameaças que são enfrentadas através de demandas de limitações do poder; remédios que são providenciados através da exigência de que o mesmo poder intervenha de modo protetor.[178]

Por fim, é importante estabelecer quais são os fundamentos dos direitos da pessoa humana. E, nesse sentido, Leal explica que tais direitos não podem estar, somente, no fundamento jurídico, já que o direito positivo não cria direitos da pessoa humana, somente lhes

[175] RITT, op. cit., p. 58.

[176] OLIVEIRA JUNIOR, José Alcebíades de. Cidadania e novos direitos. In.: *O novo em direito e política*. Porto Alegre: Livraria do Advogado, 1997, p. 193.

[177] RITT, op. cit., p. 58.

[178] BOBBIO, op. cit., 1992, p. 6.

dá vigência, sua existência é necessariamente pré-jurídica, ou seja, trata-se de direito natural:

> Em nível de fundamentos, falar de direitos da pessoa humana significa, no mínimo, reportar ao lugar de filosofia, lócus de problematização do saber e de perquirição sobre o ser. Ser como fundamento, como razão, como possibilidade. Significa enfrentar as possibilidades da existência humana e da autenticidade ou inautenticidade dessa mesma existência.[179]

Esclarece, Leal, ainda, quando disserta sobre uma necessária visão ética dos direitos da pessoa humana, que é fácil concluir que "os seres racionais são chamados de pessoas porque sua natureza já os designa como fim em si, ou seja, como algo que não pode ser empregado simplesmente como meio",[180] razão pela qual o arbítrio humano é limitado pelo imprescindível respeito que o ser humano deve receber de todos e de tudo.

Assim, a pessoa humana possui um valor absoluto, como ensina Leal, "porque sua natureza racional existe como um fim em si mesmo, e o homem representa sua própria existência".[181]

Dessa forma, não se desconhece a diferença doutrinária existente entre os termos "direitos humanos" e "direitos fundamentais". Para o presente trabalho, todavia, tal diferenciação não é primordial, pois o que se pretende demonstrar é a importância dos direitos do homem, seja ela na ótica dos direitos humanos, seja ela na ótica dos direitos fundamentais, a fim de efetivá-los, protegendo-se o idoso. Porém, é inegável que o presente trabalho busca demonstrar, de forma concreta, que a Constituição e os direitos previstos na legislação em vigor devem ser aplicados e considerados em tal atuação.

Nesse sentido, estabelece-se uma relação imprescindível entre direitos humanos, direitos fundamentais e o Humanismo, pois, se um dos fundamentos incontestáveis dos direitos humanos e dos direitos fundamentais está no próprio homem, sendo ele sujeito de direitos, "é interessante ter-se claro que qualquer fundamento desses direitos tem de estar voltado ao gênero humano",[182] justamente o postulado maior do Humanismo.

---

[179] LEAL, op. cit., 2003, p. 326.

[180] Ibidem, p. 327.

[181] Ibidem, p. 327-328.

[182] Ibidem, p. 332.

2.3. A Dignidade da Pessoa Humana

A importância e o valor do ser humano é um dos poucos consensos teóricos do mundo ocidental atual, consoante argumenta Barcellos,[183] pois "a dignidade da pessoa humana, o valor do homem como um fim em si mesmo, é hoje um axioma da civilização ocidental, e talvez a única ideologia remanescente".[184]

Conforme Arendt:

> A pluralidade humana, condição básica da ação e do discurso, tem o duplo aspecto de igualdade e diferença. Se não fossem iguais, os homens seriam incapazes de compreender-se entre si e aos seus ancestrais, ou de fazer planos para o futuro e prever as necessidades das gerações vindouras. Se não fossem diferentes, se cada ser humano são diferisse de todos os que existiram, existem ou virão a existir, os homens não precisariam do discurso ou da ação para se fazerem entender. Com simples sinais e sons, poderiam comunicar suas necessidades imediatas e idênticas.[185]

Seguindo esse entendimento, a pluralidade humana possui este duplo aspecto, que é o da igualdade e o da diferença, sendo que a ação e o discurso são inerentes ao ser humano, usados para se comunicarem uns com os outros, como pessoas. E é justamente a capacidade das atitudes de ação e de discurso que demonstram a singularidade de cada ser humano no mundo.[186]

Assim:

> Só o homem, porém, é capaz de exprimir essa diferença e distinguir-se; só ele é capaz de comunicar a si próprio e não apenas comunicar alguma coisa – como sede, fome, afeto, hostilidade ou medo. No homem, a alteridade, que ele tem em comum com tudo o que vive, tornam-se singularidade, e a pluralidade humana é a paradoxal pluralidade de seres singulares.[187]

Mas quando se trata de tentar definir, de forma filosófica, "quem somos nós", a possibilidade ou não de enumerar qualidades e características "do que somos nós" revela incapacidade filosófica de uma definição da pessoa humana, ou seja, de revelar qual a essência viva do ser humano.[188] E devido a essa incapacidade de revelar qual a

---

[183] BARCELLOS, op. cit., p. 103.

[184] Ibidem, p. 103.

[185] ARENDT, op. cit., p.188.

[186] MORAES, Maria Celina Bodin de. O conceito de dignidade humana: substrato axiológico e conteúdo normativo. In: SARLET, I. W. (Org.). *Constituição, Direitos fundamentais e Direito Privado*. 2. ed. Porto Alegre: Livraria do Advogado, 2006, p. 112.

[187] ARENDT, op. cit., p. 189.

[188] MORAES, op. cit., 2006, p. 112.

essência viva do ser humano, é que se recorre à cultura e à história, e tal processo é característica peculiar, justamente, à humanidade e à condição humana.[189]

Nesse sentido:

> Há grande semelhança entre esta frustração e a notória impossibilidade filosófica de se chegar a uma definição do homem, uma vez que todas as definições ou interpretações do *que* o homem é e, portanto, de qualidades que ele possa ter em comum com outros seres vivos, enquanto sua diferença específica teria de ser encontrada determinado-se que tipo de «quem» ele é.[190]

Para a distinção dos seres humanos, diz-se que eles detêm uma substância exclusiva, que é uma qualidade própria, comum e unicamente usada aos humanos, qual seja, uma "dignidade" que é inerente à espécie humana. Observa-se que a raiz etimológica da palavra "dignidade" advém do latim *dignus*, definido como sendo "aquele que merece estima e honra, aquele que é importante".[191]

Sarlet salienta que:

> Inicialmente, cumpre salientar que a dignidade, como qualidade intrínseca da pessoa humana, é algo que simplesmente existe, sendo irrenunciável e inalienável, na medida em que constitui elemento que qualifica o ser humano como tal e dele não pode ser destacado, de tal sorte que não se pode cogitar na possibilidade de determinada pessoa ser titular de uma pretensão a que lhe seja concedida a dignidade. Esta, portanto, como elemento integrante e irrenunciável da natureza da pessoa humana, é algo que se reconhece, respeita e protege, mas não que possa ser criado ou lhe possa ser retirado, já que existe em cada ser humano como algo que lhe é inerente.[192]

Barcellos, por sua vez, traz o percurso histórico para se chegar a esse consenso teórico, com relação ao valor essencial do ser humano. Tal construção histórica passa por quatro momentos fundamentais, que começa no Cristianismo, passando pelo iluminismo-humanista, após pela importante obra de Immanuel Kant e, finalmente, nas conseqüências dos horrores da Segunda Guerra Mundial.[193]

Conforme Barcellos, num primeiro momento, a mensagem anunciada por Jesus Cristo e seus seguidores representou um grande passo no mundo antigo, pois passou a valorizar o homem individualmente. Mas a mensagem trazida por Cristo dava ênfase não apenas ao indivíduo, individualmente considerado, como também

---

[189] MORAES, op. cit., 2006, p. 112.

[190] ARENDT, op. cit., p. 194.

[191] MORAES, op. cit., 2006, p.112.

[192] SARLET, op. cit., 2004, p. 114.

[193] BARCELLOS, op. cit., p. 104.

determinava a valorização do outro indivíduo.[194] Há referência aos seguintes ensinamentos bíblicos que expressam o pensamento da doutrina cristã que passou a centralizar o homem e dá importância em valorizar o outro, conforme ensinamentos de Jesus Cristo, transcritos na Bíblia Sagrada, no Evangelho de Mateus, capítulo 22, versículos 36 a 40:

> Mestre, qual é o grande mandamento na lei?
>
> Respondeu-lhe Jesus: Amarás o Senhor teu Deus de todo o coração, de toda a tua alma e de todo o teu entendimento.
>
> Este é o primeiro e grande mandamento.
>
> O segundo, semelhante a este, é: Amarás o teu próximo como a ti mesmo.
>
> Destes dois mandamentos depende toda a lei e os profetas.[195]

Esses ensinamentos despertaram sentimentos de solidariedade e piedade com relação ao próximo. Passaram e ser prolatados e verbalizados pelos outros apóstolos, conforme os ensinamentos bíblicos, que dizem respeito à igualdade essencial dos homens.[196]

Assim, o Cristianismo traz lições a respeito de igualdade essencial dos homens, consoante a seguinte passagem bíblica, no Livro de Gálatas, capítulo 3, versículos 26-29:

> Todos vós sois filhos de Deus pela fé em Cristo Jesus, pois todos vós que fostes batizados em Cristo, vos revestistes de Cristo.
>
> Dessa forma não há judeu nem grego, não há servo nem livre, não há macho nem fêmea, pois todos vós sois um em Cristo Jesus.
>
> E, se sois de Cristo, então sois descendentes de Abraão, e herdeiros conforme a promessa.[197]

Essas considerações estão na base dos fundamentos com relação aos direitos sociais, como também com relação aos direitos mínimos de existência, chamado de mínimo existencial,[198] pois:

> Foi o cristianismo que, pela primeira vez, concebeu a idéia de uma dignidade pessoal, atribuída a cada indivíduo. O desenvolvimento cristão sobre a dignidade humana deu-se sob um duplo fundamento: o homem é um ser originado por Deus para ser o centro da criação; como ser amado por Deus, foi salvo de sua natureza originária através da noção de liberdade de escolha, que o torna capaz de tomar decisões contra o seu desejo natural. Atribui-se a Boécio, em texto que data do séc. VI, o registro

[194] BARCELLOS, op. cit., p. 103-105.

[195] BÍBLIA. Macabeus. Português. *Bíblia Sagrada*. Tradução de João Ferreira de Almeida. São Paulo: VIDA, Edição Contemporânea, 1990. Evangelho de Mateus, capítulo 22, versículos 36 a 40, p. 26.

[196] BARCELLOS, op. cit., p. 105.

[197] BÍBLIA, op. cit., p.199.

[198] BARCELLOS, op. cit., p. 105.

que propiciou, através da matriz teológica, a transmissão da cultura greco-latina aos filósofos medievais. Foi o propósito do mistério da Trindade que Boécio ofereceu a definição de pessoa, que viria a ser adotada posteriormente por São Tomás: "substância individual de natureza racional".[199]

Observa-se que, a partir desse entendimento, foi possível, para São Tomás de Aquino, definir a dignidade sob dois enfoques diferentes. Num primeiro momento, que a dignidade é inerente ao homem, como espécie. Ela existe somente no homem, como indivíduo, passando assim a residir na alma de cada ser humano. Essa construção estabelece que o homem deve, não somente olhar em direção a Deus, mas voltar-se para si mesmo, tomando consciência de sua dignidade e agindo de forma compatível com ela.[200]

São Tomás de Aquino, num segundo aspecto, constrói o raciocínio de que a natureza humana consiste no exercício da razão e é através desta que se espera a submissão da natureza humana às leis naturais, que são emanadas diretamente da autoridade divina, e dentre elas estão o respeito e a consideração pela dignidade do homem.[201]

Tal mudança ocorreu porque, diferente das demais religiões, que existiam na Antiguidade, o Cristianismo possui como principal diferencial o fato de ter surgido como uma religião de indivíduos, que não se definem por sua vinculação a uma nação ou a um Estado, mas por sua relação direta com o mesmo e único Deus. Assim, enquanto nas outras religiões antigas a divindade se relacionava com a comunidade organizada, o Deus cristão relaciona-se diretamente com aqueles indivíduos que nele crêem:

> Através do cristianismo, foram introduzidas duas novas concepções éticas: a idéia de que a virtude se concebe pela relação com Deus, e não com a *polis* ou com outros homens; e a afirmação de que, embora os seres humanos sejam dotados de vontade livre, seu primeiro impulso, proveniente da natureza humana fraca e pecadora, dirige-se para a transgressão. Como a própria vontade humana se encontra, na origem, pervertida pelo pecado (o pecado original), o Cristianismo pressupõe o ser humano, em si e por si, como incapaz de realizar o bem, necessitando do auxílio de Deus para tornar-se virtuoso. Isto será feito mediante a obediência estrita à lei divina, revelada e inscrita no coração de cada um dos homens, através de atos de dever.[202]

Sarlet destaca que, de início, a idéia do valor intrínseco da pessoa humana possui suas raízes no pensamento clássico e nas idéias cristãs. Mas observa ele que não é correto, pela falta de dados segu-

---

[199] MORAES, op. cit., 2006, p.112-113.

[200] Ibidem, p. 112-113.

[201] Ibidem, p. 113.

[202] Ibidem, p. 113-114.

ros, reivindicar, para a religião cristã, a exclusividade e originalidade quanto à elaboração de uma conceituação de dignidade, devido ao fato de terem sido professadas várias religiões ao longo dos tempos, pela humanidade:

> [...] o fato é que tanto no Antigo quanto no Novo Testamento podemos encontrar referências no sentido de que o ser humano foi criado à imagem e semelhança de Deus, premissa da qual o cristianismo extraiu a conseqüência – lamentavelmente renegada por muito tempo por parte das instituições cristãs e seus integrantes (basta lembrar as crueldades praticadas pela "Santa Inquisição") – de que o ser humano – e não apenas os cristãos – é dotado de um valor próprio e que lhe é intrínseco, não podendo ser transformado em mero objeto ou instrumento.[203]

Já na antiguidade clássica, o pensamento filosófico e político a respeito da dignidade da pessoa humana condizia, em regra, com a posição social ocupada pelo indivíduo, como também pelo grau de reconhecimento pelos demais membros da comunidade. Por isso, a definição da dignidade, conforme essa quantificação e definição, admitia a existência de pessoas mais ou menos dignas.[204]

No pensamento estóico, antes referido, a dignidade era considerada como uma qualidade inerente ao ser humano, o que o distinguia dos demais seres, pois todos os seres humanos são dotados da mesma dignidade. Essa noção está intimamente ligada à noção da liberdade pessoal de cada indivíduo, como também à idéia de que todos os seres humanos, devido à sua natureza, são iguais em dignidade.[205]

Conforme Sarlet, com relação à idéia de dignidade humana, mesmo durante a Idade Média, a

> [...] concepção de inspiração cristã e estóica seguiu sendo sustentada, destacando-se Tomás de Aquino, o qual chegou a referir expressamente o termo "dignitas humana", secundado já em plena Renascença e no limiar da idade Moderna, pelo humanista italiano Pico della Mirandola, que, partindo da racionalidade como qualidade peculiar inerente ao ser humano, advogou ser esta a qualidade que lhe possibilita construir de forma livre e independente sua própria existência e seu próprio destino.[206]

Destaca também que, para a afirmação da idéia de dignidade humana, foi muito especial a contribuição do espanhol Francisco de

---

[203] SARLET, Ingo Wolfgang. Dignidade da Pessoa Humana e Direitos Fundamentais na Constituição Federal de 1988. Porto Alegre: Livraria do Advogado, 2001, p. 30.

[204] Ibidem, p. 30.

[205] Ibidem, p. 30-31.

[206] Ibidem, p. 31.

Vitória,[207] no século XVI. Na oportunidade, quando da expansão colonial espanhola, os índios estavam sofrendo inúmeras atrocidades, em decorrência do processo de conquista das colônias, pela Espanha, historicamente relatado como total aniquilamento, exploração e escravização. Sustentou, Francisco de Vitória, que os indígenas, não pelo fato de serem cristãos, católicos ou protestantes, mas devido ao direito natural e de sua natureza humana, eram livres e iguais, devendo ser respeitados como sujeitos de direitos, proprietários e conforme condição de serem signatários dos contratos firmados com a coroa espanhola.[208]

Posteriormente à Idade Média, o Movimento Iluminista trouxe a crença fervorosa na razão humana, desalojando a religiosidade do centro do sistema de pensamento, passando a substituí-lo pelo próprio homem. Esse desenvolvimento teórico do Humanismo resulta em conseqüências que são muito importantes para o desenvolvimento da idéia da dignidade humana, como, por exemplo, a preocupação com os direitos individuais do homem, como também pelo exercício democrático do poder.[209]

No seguimento histórico, é ressaltado por Barcellos[210] e por Sarlet[211] o pensamento de Immanuel Kant que traz a concepção de dignidade, partindo da autonomia do ser humano, e considerando essa autonomia como fundamento de dignidade do homem. Para Kant, o

---

[207] JAPIASSÚ, H. MARCONDES, D. *Dicionário Básico de Filosofia*. Rio de Janeiro: Jorge Zahar Editor, 1989, p. 244. Francisco de Vitória (1486-1567) foi um teólogo espanhol nascido na província basca de Álava, histórico por sua dedicação à defesa dos direitos dos índios do Novo Mundo e à limitação das causas que justificam a guerra, uma obra constituída na afirmação de princípios éticos universais e de igualdade entre os povos. Por muitos é considerado o fundador do direito internacional. Ordenou-se dominicano e estudou teologia na Universidade de Paris, onde lecionou até voltar à Espanha (1523). Ensinou em Valladolid até assumir a cátedra de teologia da Universidade de Salamanca (1526), que ocupou até morrer, naquela cidade. Em sua original, solitária e belíssima pregação humanista, questionou a legitimidade da conquista espanhola da América, mesmo que fosse para combater paganismo ou práticas como o canibalismo ou sacrifícios humanos entre os nativos, pois os pagãos não eram irracionais. Para ele, o papa não tinha o direito de dar a monarcas europeus o domínio sobre povos primitivos e deveria se limitar ao controle do trabalho missionário. Os soberanos conquistadores deveriam garantir tratamento justo e igualitário a indígenas e colonos, pois todos eram seus súditos, com direitos iguais e, assim, os nativos tinham o direito à propriedade e a ter dirigentes próprios. Notabilizou-se por suas numerosas conferências, publicadas postumamente em 1557, estabelecendo os limites jurídicos do poder civil e eclesiático, os critérios de licitude ou não de guerras e os direitos fundamentais dos índios americanos. Outro tema de seus estudos foi a guerra, onde pregou que ela só seria admissível em legítima defesa e para corrigir um erro muito grave, mesmo assim, precedida de todos os esforços possíveis de conciliação e arbitragem.

[208] SARLET, op. cit., 2001, p. 31-32.

[209] BARCELLOS, op. cit., p. 106.

[210] Ibidem, p. 106.

[211] SARLET, op. cit., 2001, p. 32.

ser humano, ou seja, o indivíduo, não pode ser tratado nem por ele próprio como um objeto.[212]

Dessa forma:

> Admitindo porém que haja alguma coisa *cuja existência em si mesma* tenha um valor absoluto e que, *como fim em si mesmo*, possa ser a base de leis determinadas, nessa coisa e só nela é que estará a base de um possível imperativo categórico, quer dizer, de uma lei prática:
>
> Ora, digo eu: – O homem, e, duma maneira geral, todo o ser racional, *existe* como fim em si mesmo, *não só como meio* para o uso arbitrário desta ou daquela vontade. Pelo contrário, em todas as suas ações, tanto nas que se dirigem a ele mesmo como nas que se dirigem a outros seres racionais, ele tem sempre de ser *considerado simultaneamente como fim*. Todos os objetos das inclinações e as necessidades que nelas se baseiam, o seu objeto seria sem valor. A *(sic)* próprias inclinações, porém, como fontes das necessidades, estão tão longe de ter um valor absoluto que as torne desejáveis em si mesmas, que, muito pelo contrário, o desejo universal de todos os seres racionais deve ser o de se libertar totalmente delas. Portanto, o valor de todos os objetos que possamos *adquirir* pelas nossas ações é sempre condicional. Os seres cuja existência depende, não em verdade da nossa vontade, mas da natureza, têm contudo, se são seres irracionais, apenas um valor relativo como meios e por isso se chamam *coisas*, ao passo que os seres racionais se chamam de *pessoas*, porque a sua natureza os distingue já como fins em si mesmos, quer dizer, como algo que não pode ser empregado como simples meio e que, por conseguinte, limita, nessa medida todo o arbítrio (e é um objeto de respeito).[213]

Ensinam Sarlet[214] e Moraes[215] que o ser humano, na concepção kantiana, deve ser sempre considerado como fim e nunca como meio, sendo repudiada toda e qualquer forma de coisificação, como também instrumentalização do ser humano:

> Compõe o imperativo categórico a exigência de que o ser humano jamais seja visto, ou usado, como um meio para atingir outras finalidades, mas sempre seja considerado como um fim em si mesmo. Isto significa que todas as normas decorrentes da vontade legisladora dos homens precisam ter por finalidade o homem, a espécie humana como tal. O imperativo categórico orienta-se, então, pelo valor básico, absoluto, universal e incondicional da dignidade humana. É esta dignidade que inspira a regra ética maior: o respeito pelo outro.[216]

Complementa Sarlet para o fato de que o desempenho das funções sociais em geral encontra-se vinculado a uma recíproca sujeição,

---

212 SARLET, op. cit., 2001, p. 32.

213 KANT, Immanuel. *Fundamentação da Metafísica dos costumes*. In: Os Pensadores. 2.ed. São Paulo: Abril Cultural, 1984, p. 134-135.

214 SARLET, op. cit., 2001, p. 35.

215 MORAES, op. cit., 2006, p. 115.

216 Ibidem, p. 115.

de tal sorte que a dignidade da pessoa humana proíbe a completa e egoística disponibilização do outro.[217]

Kant constrói sua concepção partindo da natureza racional, que somente o ser humano possui, observando que a autonomia da vontade, conceituada como sendo a possibilidade de determinar a si mesmo, como também agir em conformidade com a representação de certas leis, é uma característica encontrada apenas nos seres racionais, e este é um dos fundamentos da dignidade humana:

> É assim que o homem se representa necessariamente a sua própria existência; e, nesse sentido, este princípio é um princípio *subjetivo* das ações humanas. Mas é também assim que qualquer outro ser racional se representa a sua existência, em virtude exatamente do mesmo princípio racional que é válido também para mim, é portanto simultaneamente um princípio *objetivo*, do qual como princípio prático supremo se tem de poder derivar todas as leis da vontade. O imperativo prático será pois o seguinte: *Age de tal maneira que uses a humanidade, tanto na tua pessoa como na pessoa de qualquer outro, sempre e simultaneamente como fim e nunca simplesmente como meio.* (grifo do autor)[218]

O último momento marcante no percurso histórico da noção de dignidade humana é conhecido também como o mais chocante, pois, com a revelação dos horrores da Segunda Guerra Mundial, ocorreu uma transformação completa nas convicções pacíficas e universais. A facilidade com que milhares de pessoas aceitaram a idéia de extermínio de seres humanos, como uma política válida, ainda choca, e muito.[219]

A referida autora, citando Hannah Arendt (observações feitas em sua obra: Eichman em Jerusalém, um relato sobre a banalidade do mal, 1999), define como assustadora a verificação de que, durante a Segunda Guerra Mundial, as próprias vítimas do Nazismo, especialmente os judeus, perderam, em boa medida, a compreensão do valor inerente à vida humana. Relata que os próprios líderes das comunidades judaicas negociavam a libertação de judeus considerados mais importantes ou letrados, em troca de judeus considerados comuns, como se aqueles tivessem valor maior que estes. [220]

Foi a reação às barbáries cometidas pelo Nazismo e pelo Fascismo, na Itália, que, posteriormente à guerra, causou a consagração da dignidade da pessoa humana no plano internacional. Também consagrou tal princípio no plano interno, como o valor máximo dos ordenamentos jurídicos e princípio orientador da atuação estatal e

---

[217] SARLET, op. cit., 2005, p. 36.

[218] KANT, op. cit., p. 135.

[219] BARCELLOS, op. cit., p. 108.

[220] Ibidem, p. 108.

dos organismos internacionais. Diversos países introduziram em suas Constituições a Dignidade da Pessoa Humana como fundamento do Estado.[221]

A Dignidade da Pessoa Humana, para Leal, torna-se um "referencial amplo e móvel que pressupõe e alcança todo e qualquer homem na condição de justificativa do desenvolvimento da própria existência",[222] surgindo a idéia de que as necessidades humanas básicas possuem justificativas racionais para serem exigidas, inclusive do Estado e da própria sociedade.

Sarlet coloca que:

> Todavia, justamente pelo fato de que a dignidade vem sendo considerada (pelo menos para muitos e mesmo que não exclusivamente) qualidade intrínseca e indissociável de todo e qualquer ser humano e certos de que a destruição de um implicaria a destruição do outro, é que o respeito e a proteção da dignidade da pessoa (de cada uma e de todas as pessoas) constituem-se (ou, ao menos, assim o deveriam) em meta permanente da humanidade, do Estado e do Direito.[223]

De uma forma bastante simples, é possível afirmar, que o conteúdo jurídico da Dignidade da Pessoa Humana se relaciona com os direitos fundamentais ou humanos. Ou seja, para Barcellos, um indivíduo será respeitado em sua dignidade quando os direitos fundamentais forem observados e realizados, ainda que a dignidade não se esgote neles.[224]

Após a presente construção filosófica e, delineando, sem possibilidade ou intenção de esgotar o assunto, os aspectos históricos de construção e definição da dignidade humana, pode ser conceituada como sendo:

> [...] a qualidade intrínseca e distintiva reconhecida em cada ser humano que o faz merecedor do mesmo respeito e consideração por parte do Estado e da comunidade, implicando, neste sentido, um complexo de direitos e deveres fundamentais que assegurem a pessoa tanto contra todo e qualquer ato de cunho degradante e desumano, como venham a lhe garantir as condições existenciais mínimas para uma vida saudável, além de propiciar e promover sua participação ativa e co-responsável nos destinos da própria existência e da vida em comunhão com os demais seres humanos.[225]

Sarlet ensina que:

---

[221] BARCELLOS, op. cit., p. 108-109.

[222] LEAL, op. cit., 2003, p. 332.

[223] SARLET, op. cit., 2001, p. 27.

[224] BARCELLOS, op. cit., p. 110-111.

[225] SARLET, op. cit., 2005, p. 37.

Consagrando expressamente, no título dos princípios fundamentais, a dignidade da pessoa humana como um dos fundamentos do nosso Estado democrático (e social) de Direito (art. 1º, inc. III, da CF), o nosso Constituinte de 1988 – a exemplo do que ocorreu, entre outros países, na Alemanha –, além de ter tomado uma decisão fundamental a respeito do sentido, da finalidade e da justificação do exercício do poder estatal e do próprio Estado, reconheceu categoricamente que é o Estado que existe em função da pessoa humana, e não o contrário, já que o ser humano constitui a finalidade precípua, e não meio da atividade estatal.[226]

Quando a Constituição Federal utiliza a expressão genérica "Dignidade da Pessoa Humana", está recorrendo ao consenso social para dar a ela tal significado. Ao concretizá-la, através de um conjunto de outras normas, que são mais específicas, o constituinte reflete o consenso que existe em seu tempo. O núcleo da dignidade foi previsto pelo constituinte, principalmente como limitador de atuação das maiorias, e sua eficácia jurídica é considerada de maior relevância.[227]

Ele, então, pode ser considerado um princípio estruturante. Conforme definição de José Joaquim Gomes Canotilho, devem ser compreendidos como princípios concretos, consagrados numa ordem jurídico-constitucional em determinada situação histórica. Designam os princípios constitutivos do núcleo essencial da constituição, garantindo a ela uma identidade e estrutura. Geralmente, possuem duas dimensões: 1- dimensão constitutiva, pois eles exprimem, constituem uma compreensão global da ordem constitucional; 2- dimensão declarativa: assumem, em determinadas situações, a natureza de "superconceitos", que são utilizados para exprimir a soma de outros subprincípios e de concretizações normativas.[228]

Para Barcellos,[229] a ordem jurídica brasileira possui a Constituição Federal de 1988 como seu centro, e não é um sistema axiologicamente neutro. Ao contrário, existindo variadas concepções sobre o direito, o constituinte originário acabou por expressar sua opção por uma delas, através da forma dos princípios fundamentais, e estes possuem repercussão na interpretação de todas as normas jurídicas. Os princípios constitucionais sempre funcionarão como balizas de interpretação sobre o direito, levando-se em conta a modalidade interpretativa da eficácia jurídica que se lhes atribui:

---

[226] SARLET, op. cit., 2001, p. 66.

[227] BARCELLOS, op. cit., p. 198.

[228] CANOTILHO, José Joaquim Gomes. *Direito constitucional e teoria da constituição.* 3 ed. Coimbra: Almedina, 1999, p. 1110-1111.

[229] BARCELLOS, op. cit., p. 146.

> Com o reconhecimento expresso, no título dos princípios fundamentais, da dignidade da pessoa humana como um dos fundamentos do nosso Estado Democrático (e Social) de Direito (art. 1º, inc. III, da CF), o Constituinte de 1987/88, além de ter tomado uma decisão fundamental a respeito do sentido, da finalidade e da justificação do exercício do poder estatal e do próprio Estado, reconheceu expressamente que é o Estado que existe em função da pessoa humana, e não o contrário, já que o homem constitui a finalidade precípua, e não o meio da atividade estatal.[230]

Os princípios constitucionais, especialmente o Princípio da Dignidade da Pessoa Humana, manifestam as decisões fundamentais do constituinte, devendo vincular sempre o intérprete em geral e especialmente o Poder Público. O referido princípio deverá sempre ser o vetor interpretativo geral, pelo qual o intérprete deverá orientar-se em seu ofício.[231]

Nesse sentido:

> No direito brasileiro, após mais de duas décadas de ditadura sob o regime militar, a Constituição democrática de 1988 explicitou, no artigo 1º, III, a dignidade humana como um dos "fundamentos da República". A dignidade humana, então, não é criação da ordem constitucional, embora seja por ela respeitada e protegida. A Constituição consagrou o princípio e, considerando a sua eminência, proclamou-se entre os princípios fundamentais, atribuindo-lhe o valor supremo de alicerce da ordem jurídica democrática. Com efeito, da mesma forma que Kant estabelecera para a ordem moral, é na dignidade humana que a ordem jurídica (democrática) se apóia e constitui-se.[232]

A Constituição Federal de 1988 ocupou-se de muitas das condições materiais de existência dos indivíduos, que é pressuposto de sua dignidade, dedicou um considerável espaço no texto constitucional, impôs a todos os entes da Federação a responsabilidade comum de alcançar os objetivos relacionados com o tema.[233]

De fato, conforme Béatrice Maurer:

> Com efeito, os textos de direito positivo inseriram em suas disposições o conceito de dignidade. Este não é mais portanto, apenas um princípio de filosofia moral, mas também um princípio jurídico. A dignidade da pessoa humana deve ser assim respeitada tanto como princípio moral essencial como enquanto disposição de direito positivo. Respeitar a dignidade do homem exige obrigações positivas.[234]

Sarlet ensina que o dispositivo constitucional, já referido, onde está enunciada a Dignidade da Pessoa Humana (CF, no artigo 1º,

---

230 SARLET, op. cit., 2004, p. 110-111.

231 BARCELLOS, op. cit., p. 146.

232 MORAES, 2006, op. cit., p. 117.

233 BARCELLOS, op. cit., p. 191.

234 MAURER, Béatrice. Notas sobre o respeito da dignidade da pessoa humana...ou pequena fuga incompleta em torno de um tema central. In: SARLET, I.W. (Org.) *Dimensões da Dignidade: Ensaios de Filosofia do Direito e Direito Constitucional*. Porto Alegre, 2005, p. 86.

inciso III), contém não apenas mais uma norma, mas esta, para além de seu enquadramento na condição de princípio, como também, valor fundamental, é, da mesma forma, fundamento de posições jurídico-subjetivas, ou seja, normas que são definidoras de direitos e garantias, como também de deveres fundamentais.[235]

Argumenta ele também que:

> Num primeiro momento – convém frisá-lo – a qualificação da dignidade da pessoa humana como princípio fundamental traduz a certeza de que o artigo 1º, inciso III, de nossa Lei Fundamental não contém apenas (embora também e acima de tudo) uma declaração de conteúdo ético e moral, mas que constitui norma jurídico-positiva dotada, em sua plenitude, de status constitucional formal e material e, como tal, inequivocadamente carregado de eficácia, alcançando, portanto – tal como sinalou Benda – a condição de valor jurídico fundamental da comunidade. Importa considerar, neste contexto, que, na sua qualidade de princípio fundamental, a dignidade da pessoa humana constitui valor-guia não apenas dos direitos fundamentais mas de toda a ordem jurídica (constitucional e infraconstitucional), razão pela qual, para muitos, se justifica plenamente sua caracterização como princípio constitucional de maior hierarquia axiológico-valorativa.[236]

Importante frisar o caráter jurídico-normativo da dignidade da pessoa humana, do reconhecimento de sua plena eficácia na ordem constitucional brasileira, foi guindada à condição de princípio fundamental do Estado Democrático de Direito.

Odair Tramontin lembra que, mesmo antes de receber a consagração expressa, na Constituição Federal de 1988, a idéia da Dignidade Humana foi contemplada no preâmbulo da Declaração Universal dos Direitos do Homem. É, portanto, consenso entre os autores que tal Princípio não recebe a qualificação de direito fundamental, apesar de representar a fundamentação de todos os direitos básicos do cidadão.[237]

Assume, assim, feição de princípio constitucional fundamental, não afastando a importância de seu papel como valor fundamental geral, para toda a ordem jurídica, o que, com isso se ressalta, que é outorgado a este valor uma maior pretensão de eficácia e efetividade. Considerado como um mandado de otimização, que ordena algo, no caso, a proteção e promoção da dignidade da pessoa, tal deve ser realizado na maior medida possível, consideradas as possibilidades fáticas e jurídicas existentes.[238]

---

235 SARLET, op. cit., 2001, p. 70.

236 Ibidem, p. 70.

237 TRAMONTIN, Odair. Incentivos públicos e empresas privadas & guerra fiscal. Curitiba: Juruá, 2002, p. 47.

238 SARLET, op. cit., 2001, p. 74.

A maioria das normas constitucionais que tratam dos aspectos materiais da Dignidade da Pessoa Humana, principalmente as que dizem respeito a prestações positivas, assumem a estrutura de normas-princípio. Seus fins são relativamente indeterminados e os meios para atingi-los são variados, o que não significa que na amplitude dessas normas não seja possível identificar um núcleo que seja delineado, que contenha um conteúdo mínimo, apresentando-se como norma-regra, biunívoca e violável.[239]

As normas-princípio da Dignidade da Pessoa Humana são as de maior fundamentalidade na ordem jurídica, como um todo, e elas devem corresponder às modalidades de eficácia jurídica que sejam mais consistentes. Tal norma, sob vários pontos de vista, é considerada como pressuposto filosófico de qualquer regime jurídico civilizado e das sociedades democráticas.

Conforme Sarlet:

> É justamente neste sentido que assume particular relevância a constatação de que a dignidade da pessoa humana é simultaneamente limite e tarefa dos poderes estatais e, no nosso sentir, da comunidade em geral, de todos e de cada um, condição dúplice esta que também aponta para uma paralela e conexa dimensão defensiva e prestacional da dignidade. Como limite, a dignidade implica não apenas que a pessoa não pode ser reduzida à condição de mero objeto da ação própria e de terceiros, mas também o fato de a dignidade gerar direitos fundamentais (negativos) contra atos que a violem ou a exponham a graves ameaças. Como tarefa, da previsão constitucional (explícita ou implícita) da dignidade da pessoa humana, dela decorrem deveres concretos de tutela por parte dos órgãos estatais, no sentido de proteger a dignidade de todos, assegurando-lhe também por meio de medidas positivas (prestações) o devido respeito e promoção.[240]

Assim, é certo afirmar que existe relação de interdependência entre o Humanismo, que consagra o homem como o centro de tudo, e os direitos humanos e direitos fundamentais, que são os fundamentos e as garantias da pessoa humana. A partir desse entendimento, surge o conceito de Dignidade da Pessoa Humana, estando, por sua vez, diretamente relacionado com ambos.

Portanto, a sociedade e o Estado devem, sempre, procurar atender ao princípio da Dignidade do Ser Humano, como fundamento principal de uma nação, colocando o homem no centro de tudo, sendo esta a visão que não se pode esquecer e que precisa ser aplicada, também, ao idoso, na sua proteção, até mesmo em face da violência que tanto assola tais pessoas, como antes foi analisado. O mundo está envelhecendo, devendo a sociedade entender tal processo, mu-

---

[239] SARLET, op. cit., 2005, p. 201-202.

[240] Ibidem, p. 32.

dar seus paradigmas, buscando a aplicação do princípio da Dignidade da Pessoa Humana, efetivando-se, assim, os direitos humanos e fundamentais, na proteção ao idoso.

E é com tal mentalidade, numa perspectiva Humanista, que precisamos verificar, então, se a legislação constitucional e infraconstitucional estão aptas para a proteção dos direitos do idoso e de sua dignidade. Mas, antes, necessário estabelecer se o Brasil é, de fato, um Estado Democrático de Direito, com objetivo fundamental de proteção do ser humano e de sua dignidade.

3. O Brasil como um Estado Democrático de Direito

Na continuidade da presente trabalho, é imprescindível a compreensão da função do Estado, desde os seus aspectos históricos, sua origem, seu desenvolvimento e as posteriores transformações até poder-se chegar à definição de Estado Democrático de Direito e suas principais características. Isso é importante para demonstrar como o Estado é importante na proteção e efetivação dos direitos humanos, salvaguardando o idoso dos abusos e da violência.

Tais análises são imprescindíveis para um melhor entendimento de que o Estado Democrático de Direito possui como um dos fundamentos a Dignidade da Pessoa Humana e deve garanti-la, principalmente com relação às políticas públicas, previstas no Estatuto do Idoso, e que tenham como objetivo prevenir a combater e violência doméstica e familiar contra o idoso.

3.1. Caracterização histórica do Estado – origem, significação e transformações

O estudo do Estado, com relação à sua origem e transformação, sempre será matéria que envolve ampla discussão, enfocando várias teorias, como também diferentes concepções. No presente capítulo, o que se pretende demonstrar são as transformações que ocorreram, historicamente, na organização da sociedade e no mundo moderno, a fim de melhor situar o atual perfil do Estado brasileiro e suas funções na sociedade.

Parte-se do Estado Moderno,[241] pois é a partir dele que surgem as concepções de soberania, de Estado-nação, de direitos humanos e de constitucionalismo, que são fundamentos que moldaram a sociedade, na atualidade, sendo de essencial importância para a efetiva compreensão das transformações políticas e sociais no mundo moderno.[242]

Assim, após analisar suas transformações históricas e sociais, principalmente quanto ao próprio direito, desde o constitucionalismo e dos direitos humanos e fundamentais, é preciso definir se, no Brasil, se assumiu um Estado Democrático de Direito, com finalidade de garantidor e efetivador da Dignidade Humana.

Quanto à definição de Estado, ela é trazida, de forma bem didática, por Dallari, como sendo "a ordem jurídica soberana que tem por fim o Bem Comum de um povo situado em determinado território".[243]

Nessa definição, estão presentes todos os elementos que compõem o Estado,[244] pois a noção de poder está implícita na definição de soberania que, também, é definida como sendo uma característica da própria ordem jurídica. Já a politicidade do Estado é ressaltada na referência expressa ao Bem Comum, como também na vinculação do Estado a um povo determinado. Finalmente, a territorialidade, que limita a ação jurídica e política do Estado, está presente na menção a determinado território.[245]

Na definição de Canotilho:

> O Estado é, assim, uma forma histórica de organização jurídica do poder dotada de qualidades que a distinguem de outros "poderes" e "organizações de poder". Quais são essas qualidades? Em primeiro lugar, a qualidade de *poder soberano*. A soberania, em termos gerais e no sentido moderno, traduz-se num *poder supremo* no plano interno e num poder independente no plano internacional. Se articulamos a dimensão constitucional interna com a dimensão internacional do Estado poderemos recortar os elementos constitutivos deste: (1) *poder político de comando*; (2) que tem

---

[241] O Estado Moderno, no entendimento de CANOTILHO, op. cit., p. 86, corresponde, no essencial, ao modelo de Estado emergente da Paz de Westefália (1648), possuindo os seguintes elementos constitutivos: "(1) *poder político de comando*; (2) que tem como destinatários os cidadãos nacionais (*povo* = sujeitos do soberano e destinatários da soberania); (3) reunidos num determinado *território*".

[242] RITT, op. cit., p. 27-28.

[243] DALLARI. Dalmo de Abreu. *Elementos de teoria geral do Estado*. 20. ed. São Paulo: Saraiva, 1998, p. 118.

[244] O estudo mais detalhado da origem e formação do Estado é possível através da obra de LEAL, Rogério Gesta. *Teoria do estado*: cidadania e poder político na modernidade. 2. ed. Porto Alegre: Livraria do Advogado, 2001, p. 65-120.

[245] DALLARI, op. cit., p. 118.

como destinatários os cidadãos nacionais (*povo* = sujeitos do soberano e destinatários da soberania); (3) reunidos num determinado *território*. [246]

Ele surgiu como rompimento do medievo, superando o sistema feudal que tinha características de permanente instabilidade política, econômica e social, que resultou na busca de uma unidade, pois

as deficiências da sociedade política medieval determinaram as características fundamentais do *Estado Moderno*. A aspiração à antiga unidade do Estado Romano, jamais conseguida pelo Estado Medieval, iria crescer de intensidade em conseqüência da nova distribuição da terra. Com efeito, o sistema feudal, compreendendo uma estrutura econômica e social de pequenos produtores individuais, constituída de unidades familiares voltadas para produção de subsistência, ampliou o número de proprietários, tanto dos latifundiários quanto dos que adquiriram o domínio de áreas menores. Os senhores feudais, por seu lado, já não toleravam as exigências de monarcas aventureiros e de circunstâncias, que impunham uma tributação indiscriminada e mantinham um estado de guerra constante, que só causavam prejuízo à vida econômica e social.[247]

A unidade que se pretendia era de interesse dos senhores feudais e dos pequenos e grandes proprietários, sendo que nesse momento histórico já se identifica a burguesia como classe em ascensão e, como conseqüência, ela desejava maior liberdade política. Justamente esses proprietários, dessa classe que estava em ascensão, buscavam cessar as arbitrariedades do poder, como também a insegurança social, política e econômica que existia no medievo.[248]

Não pode se omitir que as transformações ocorridas têm origem, em grande parte, nos interesses dos proprietários, como também de outros agentes sociais, unidos contra as mazelas do sistema medieval.[249]

No conceito de Estado Moderno se encontra, como base, o conceito de soberania, entendido como "poder de soberana e originariamente governar e disciplinar juridicamente a vida de um povo, em um território, sem a interferência de outro poder, ou de outro Estado ou de outra ordem jurídica".[250] A soberania foi tratada, teoricamente, pela primeira vez na obra de Jean Bodin, em *Les Six Livres de la Republique* (1576).[251]

---

[246] CANOTILHO, op. cit., p. 85-86.

[247] DALLARI, op. cit., p. 70.

[248] RITT, op. cit., p. 28.

[249] Ibidem, p. 28.

[250] GUSMÃO, Paulo Dourado de. *Introdução ao estudo do direito*. 11. ed. Rio de Janeiro: Forense, 1986, p. 422.

[251] RITT, op. cit., p. 29.

O poder soberano, no feudalismo, estava concentrado na figura do rei, que passa a personificar o Estado. Nesse estágio histórico, soberania significava poder absoluto, ilimitado, dentro do território nacional, pois o próprio direito dependia da vontade real. Desde então, soberania corresponde ao poder absoluto do imperador ou rei, no seu reino, que podia criar o direito e dar as ordens estatais que bem entendesse.[252]

No Estado Moderno, com a soberania e o absolutismo que se instaura, ou seja, o Estado Absolutista,[253] ocorre a supremacia absoluta dos monarcas na ordem temporal, que acaba por afastar o poder da Igreja nos assuntos que diziam respeito ao Estado, por mais que ainda era o poder espiritual (trazido pela Igreja) quem legitimava o poder do rei.[254]

O poder soberano era absoluto e perpétuo, não sofria limitações nem quanto à sua duração. Contra a Monarquia Absolutista, inicia-se uma corrente de pensamento para restringir o poder absoluto e, conseqüentemente, a superação desse modelo. Ocorre que o poder estava concentrado nas mãos do rei que somente privilegiava, jurídica e politicamente, as duas classes reconhecidas que eram a nobreza e o clero. Essa realidade consistia num obstáculo para a burguesia, que era a classe emergente, e que já possuía o poder econômico e que pretendia ter também o poder político.[255]

Foi com o Contratualismo, escola que surge entre os séculos XVII e XVIII, tendo como precursores Hobbes, John Locke e Jean-Jacques Rousseau, dentre outros, que inicia todo o fundamento teórico para que ocorra a tomada de poder pela classe burguesa.[256] Neste sentido,

[252] GUSMÃO, op. cit., 423.

[253] DALLARI, op. cit., p. 67, traz relato histórico muito interessante quanto a disputas políticas entre papas e imperadores: "A própria Igreja vai estimular a afirmação do Império como unidade política, pensando, obviamente, no Império da Cristandade. Com esse intuito é que o Papa Leão III confere a Carlos Magno, no ano de 800, o título de Imperador. Entretanto, dois fatores de perturbação iriam influir nesses planos: em primeiro lugar, uma infinita multiplicidade de centros de poder, como os reinos, os senhorios, as comunas, as organizações religiosas, as corporações de ofícios, todos ciosos de sua autoridade e sua independência, jamais se submetendo, de fato, à autoridade do Imperador; em segundo lugar, o próprio Imperador recusando submeter-se à autoridade da Igreja, havendo imperadores que pretenderam influir em assuntos eclesiásticos, bem como inúmeros papas que pretenderam o comando, não só dos assuntos de ordem espiritual, mas também de todos os assuntos de ordem temporal. Assim, pois, formalmente, a unidade política superior é o Império, sem que haja, na prática, uma autoridade e uma ordem correspondentes. A luta entre o Papa e o Imperador, que marcaria os últimos séculos da Idade Média, só vai terminar com o nascimento do Estado Moderno, quando se afirma a supremacia absoluta dos monarcas na ordem temporal".

[254] RITT, op. cit., p. 29.

[255] Ibidem, p. 30.

[256] Ibidem, p. 30.

O *contratualismo* é uma escola que floresce no intercurso dos séculos XVII e XVIII, tendo como partícipes Thomas Hobbes, John Locke, Rousseau para nos restringirmos aos mais citados e esponenciais. Sua estrutura básica apresenta uma contraposição entre o estado de natureza e o estado civil mediada pelo ajuste de vontades formalizado no contrato.[257]

No ano de 1726, Jean-Jacques Rousseau publica *O Contrato Social*, no qual dá grande ênfase ao conceito de soberania, mas transferindo sua titularidade do governante para o povo. Para o referido pensador, é o pacto social, que é feito pelos cidadãos, que dá o poder político, mas este, todavia, é limitado, não podendo ultrapassar os limites da convenção geral.[258]

Na obra de Rousseau, a liberdade e a igualdade individuais aparecem transformadas no Estado de sociedade:

> Sem entrar hoje, nas pesquisas que ainda estão por fazer sobre a natureza do pacto fundamental de todo o governo, limito-me, acompanhando a opinião geral, a considerar aqui o estabelecimento do corpo político como um verdadeiro contrato entre o povo e os chefes que ele escolhe para si, contrato pelo qual as duas partes obrigam-se a observar leis que nele estão estipuladas e que formam os laços de sua união.[259]

Por essa convenção contratual, cada um coloca sua pessoa e seu poder sob a suprema direção da vontade geral, sendo que então, recebemos cada membro como parte indivisível desse todo:

> Naquele instante, no lugar da pessoa particular de cada contratante este ato de associação produz um corpo moral e coletivo, composto de tantos membros como a assembléia de votantes, o qual recebe deste mesmo ato sua unidade, seu *eu* comum, sua vida e sua vontade. Esta pessoa pública que se forma assim pela união de todas as outras, recebeu antes o nome de *cidade* e agora recebe o de *república* ou de *corpo político*, chamado por seus membros de *Estado*, quando é passivo; *soberano*, quando é ativo, *poder*, comparando-o com seus semelhantes. Porém, estes termos se confundem freqüentemente e tomam-se uns pelos outros. Basta saber distinguir quando são empregados em sua verdadeira acepção.[260]

Assim, cada associado no pacto social se aliena completamente e sem reservas, à comunidade e com todos os seus direitos, sendo que a condição é igual para todos, e cada um se compromete com

---

[257] MORAIS, José Luis Bolzan de. *Do Direito social aos interesses transindividuais*: o Estado e o Direito na ordem contemporânea. Porto Alegre: Livraria do Advogado, 1996, p. 32.

[258] RITT, op. cit., p. 30.

[259] ROUSSEAU, Jean-Jacques. *Discurso sobre a origem e os fundamentos da desigualdade entre os homens*. Apresentação e comentários de Jean-François Braunsteis. Trad. De Iracema Gomes Soares e Maria Cristina Roveri Nagle. Brasília: Editora Universidade de Brasília, 1985, p. 107-108.

[260] ROUSSEAU, Jean-Jacques. *O Contrato Social*: Princípios de Direito Político. Tradução de Antônio P. Machado. Rio da Janeiro: Coleção Universidade de Bolso, Tecnoprint S.A, 1988, p. 36.

todos, no raciocínio de que quando um se dá a todos, ao mesmo tempo a ninguém especificamente se dá. A "vontade geral" passa a ser não simplesmente a vontade da maioria, mas a que quer o interesse geral, e não o particular, dos atos gerais, que são as leis.[261]

Rousseau define as leis com o seguinte pensamento:

> Mas que é, finalmente, uma lei? Enquanto esta palavra não se referir mais do que a idéias metafísicas, continuar-se-á a discorrer sem entendê-la, e quando se disser o que é uma lei natural, entender-se-á seu significado tão mal como se se tratasse da lei do Estado.
>
> Eu já disse que não existe vontade geral sobre um ponto particular. De fato, este objeto particular está no Estado, ou fora dele: uma vontade estranha não é geral em relação a ele, e se este objeto se enquadra no Estado, forma parte dele. Então, há entre o todo e a parte uma relação que faz deles dois seres separados, dos quais a parte é um todo, o outro é tudo, menos esta parte. Porém o todo, menos uma parte não é o tudo, e duas partes desiguais: donde se deduz que a vontade de uma não é geral com referência à outra.
>
> Porém, quando todo o povo estatui sobre todo o povo, não considera senão a si mesmo, e se então, há relação, é, entre o objeto por inteiro sob um ponto de vista, e o objeto inteiro, sob outro ponto de vista, sem divisão alguma do todo.
>
> Então a matéria estatuída é geral, como a vontade que estatui. Este ato é o que denomino de lei.[262]

O interesse geral torna-se o fundamento do Poder Estatal, encarnando a vontade de todos e, ao mesmo tempo, fazendo com que o consentimento seja a fonte de legitimidade desse Poder. Entende-se que a vontade geral é manifestada através da lei, sendo que esta, conforme transcrição acima, deriva da natureza das coisas, encontrando seu fundamento na razão. Especificamente, por ser a lei a expressão da vontade geral, ela adquire um caráter sagrado, incontestável, ou seja, ela vale por si mesma.[263]

A lei é idealizada como instrumento de proteção das liberdades individuais, muito embora também possa colocar em risco essas mesmas liberdades, quando se torna instrumento de opressão. Como a lei possui fundamento na vontade geral, conforme explicado, somente ela tem importância; então o Estado, ao estabelecer uma lei, quer manter a sociedade, devendo fazê-lo sem ofender a liberdade do indivíduo.

John Locke, pensador que é considerado como sendo o delineador dos contornos do liberalismo burguês, colocava limitações

---

[261] DI PIETRO, Maria Sylvia Zanella. *Discricionariedade administrativa na Constituição de 1988*. 2. ed. São Paulo: Atlas, 2001, p. 213.

[262] ROUSSEAU, op. cit., 1988, p. 54.

[263] DI PIETRO, op. cit., p. 213.

ao poder soberano, pois, para ele, o Estado estava limitado pelos direitos naturais, que os súditos mantinham como garantias próprias, sob pena de quebra do pacto social. Da mesma forma, Montesquieu, em sua obra *O Espírito das Leis*, publicada em 1748, trouxe a teoria da separação dos poderes como forma de assegurar a liberdade dos indivíduos.[264]

A idéia de soberania popular se fortalece no combate da burguesia contra a monarquia absolutista, trazendo a idéia de que a nação é um povo próprio, numa ordem igualitária e racional. Assim, a burguesia, baseada nas idéias iluministas, faz um trabalho de conscientização das classes sociais mais pobres, com as quais se une para, de fato e finalmente, conseguir tomar o poder político.[265]

A tomada do poder político pela burguesia, pela nova classe econômica emergente ocorre, finalmente, com a Revolução Francesa, em 1789, tendo como base as idéias iluministas e liberais, que eram construídas a partir de vários e influentes pensadores como Locke, Montesquieu, Kant, Rousseau, dentre outros. É instaurado o Estado Liberal, que é fonte do liberalismo jurídico, político, econômico e social, ainda modelo para as nações ocidentais.[266]

Nesse sentido:

> A Revolução Francesa significou o triunfo do individualismo. Partiu do reconhecimento da existência de direitos indissociáveis da condição humana e, por isso mesmo, inalienáveis e imprescritíveis. A doutrina individualista serviu de inspiração para os postulados básicos – igualdade e liberdade – com que se elaborou o direito em geral, em fins do século XVIII. Pela escola do direito natural, sob cuja influência se constituiu o individualismo, todos os homens nascem livres e iguais. Se assim é, todos devem ser iguais perante a lei e devem ter plena liberdade de agir, observando como limite apenas o direito igual de seu semelhante.[267]

Assim, a partir da Revolução Francesa, o Estado Absoluto transforma-se no Estado Liberal e burguês, que possui a ideologia do liberalismo político e econômico e pela dominação da classe burguesa. Ocorre uma transição para o comando da lei, superando-se então, definitivamente, o comando baseado na pessoa, como era no Estado Absolutista. Essa transição traz o princípio basilar do Estado Liberal, que é o princípio da legalidade.[268]

---

264 RITT, op. cit., p. 31.

265 Ibidem, p. 31.

266 Ibidem, p. 31.

267 DI PIETRO, op. cit., p. 211.

268 RITT, op. cit., p. 31-32.

O Estado Liberal possui, assim, como principal finalidade, a preservação da liberdade do homem, o que ocorre com a limitação jurídica do arbítrio do Poder Público, como também através da estabilidade jurídica das garantias individuais liberais expressas no contrato social, tendo a soberania da lei como a mais pura expressão da vontade geral. O Estado Liberal possui, como instrumentos jurídicos principais, a Constituição, o princípio da legalidade, as declarações de direitos, a separação de poderes e a representação política, que foram idéias trazidas pelos referidos pensadores e sob as quais se baseou toda a construção desse novo modelo de Estado.[269]

A base teórica do Estado Liberal está nos pensamentos de autores como Adam Smith, Jeremy Bentham e John Stuart Mill, sendo que os liberais exaltavam o individualismo e as liberdades individuais, a riqueza individual, que se insurge contra toda e qualquer forma de intervenção estatal:

> O que importa reforçar, é que o Estado Liberal apresenta-se como a iniciativa de uma classe, e não como proposta do povo, ao qual a grande massa proletária tem de aderir. Este Estado seria conhecido como "Estado Guarda Noturno", eis que sua única tarefa era resguardar as liberdades individuais, não se importando com as desigualdades sociais e as diferenças de classe, desconhecendo, assim, todas as diferenças sociais entre a classe dos burgueses e a do povo. Ao Estado Liberal cabia, somente, o estabelecimento de instrumentos legais para assegurar o livre desenvolvimento das pretensões individuais, sem qualquer preocupação com a estrutura social desigualitária. Ao mercado caberia regular a ordem social e econômica.[270]

De forma geral, pode-se caracterizar o Estado Liberal como sendo aquele onde há preponderância da proposta econômica liberal, que era fundada na propriedade privada, especialmente com relação aos meios de produção. Seu alicerce teórico está na liberdade e na propriedade privada, sendo considerados cidadãos aqueles que participam da ordem econômica de forma produtiva:

> Acontece que, no início, o Liberalismo assumiu uma forma revolucionária marcada pela "liberdade, igualdade e fraternidade", em que favorecia tanto os interesses individuais da burguesia enriquecida quanto os de seus aliados economicamente menos favorecidos. Mais tarde, contudo, quando o capitalismo começa a passar à fase industrial, a burguesia (a elite burguesa), assumindo o poder político e consolidando seu controle econômico, começa "a aplicar na prática somente os aspectos da teoria liberal" que mais lhe interessam, denegando a distribuição social da riqueza e excluindo o povo do acesso ao governo.[271]

---

[269] RITT, op. cit., p. 31-32.

[270] Ibidem, p. 33.

[271] WOLKMER, Antonio Carlos. *Ideologia, Estado e Direito*. São Paulo: Editora Revista dos Tribunais, 1989, p. 93.

Nesse período, o exercício da atividade econômica, sem nenhum controle por parte do Estado, gerou uma sociedade desigual, produzindo inúmeros problemas sociais, como também enormes disparidades. Ocorre então uma relação de extrema conflituosidade entre a minoria, que detém o poder econômico, e o restante da população que estava enfrentando todos esses inúmeros problemas sociais, e que se encontrava totalmente desassistida.[272]

É um período marcado por graves conflitos entre a classe detentora do capital e a classe trabalhadora das fábricas, que passava a reivindicar melhores condições de trabalho e de vida. A economia do século XIX teve um crescimento jamais visto, e uma conseqüente acumulação de riquezas também incomum. A concentração de riquezas levou à eliminação da livre concorrência e da livre iniciativa, basilares do liberalismo, ao mesmo tempo em que ocorria o alarmante crescimento da miséria e de outras formas de exclusão social.[273]

A resposta inicial do Estado Liberal para esse contexto social de miséria e de profunda revolta e insatisfação social será, no início, a de combater a crescente marginalidade, a criminalidade e as revoltas sociais dos trabalhadores com o uso da força policial e com reformas urbanas que permitissem à polícia controlar com mais facilidade as revoltas sociais.[274]

Paulatinamente, as relações trabalhistas começam a passar por modificações, em decorrência das mazelas do sistema capitalista e da inoperância do Estado. Começam a surgir novas organizações de trabalhadores, inicialmente clandestinas, que passam a pressionar o capital e o Estado, assim como as idéias socialistas começam a surgir e a conquistar muitos adeptos.[275]

Surge, assim, um novo paradigma:

> É na passagem do século XVIII e no início do século XIX, no entanto, que a situação nas relações trabalhistas começa a se modificar, tendo em vista que o novo paradigma de produção exigia rápida união e organização dos trabalhadores para que fosse possível reivindicar, sobretudo, melhores condições de trabalho – redução na jornada, pagamento de salários compatíveis com a função desempenhada, regulação do trabalho da mulher e do menor, etc. – reivindicações estas que, se partissem

---

[272] WOLKMER, op. cit., p. 93-94.

[273] RITT, op. cit., p. 33-34.

[274] MAGALHÃES, José Luiz de Quadros de. Globalização e exclusão. *Revista de Direito Comparado*, Belo Horizonte, v. 1, n. 1, jul. 1997, p. 101-102.

[275] RITT, op. cit., p. 34.

do trabalhador individualmente considerado, certamente seriam denegadas e destinadas ao fracasso. [276]

Nesse contexto, a sociedade passa a exigir do Estado uma nova postura, um comportamento de intervenção e controle dos segmentos privados. Assim, o Estado admitiu uma mudança de postura diante das questões socioeconômicas, passando a garantir direitos sociais, como, por exemplo, limitação da jornada de trabalho e previdência social.[277]

Então, após uma fase de transição, que ocorre entre o final do século XIX e o início do século XX, as conquistas sociais já estavam previstas em legislação infraconstitucional, mas ainda não estavam constitucionalizadas. O Estado assume uma postura intervencionista, principalmente após a 1ª Guerra Mundial, devido à grave crise econômica e social que se instalou na Europa. Com a Constituição Mexicana de 1917 e a Constituição de Weimar, na Alemanha, de 1919, os direitos sociais passam a ser previstos, também, como direitos constitucionais.[278]

É o surgimento do Estado Social que possui como pilares idéias do capitalismo, mas com previsão do intervencionismo por parte do Estado, com o controle de segmentos privados, na participação ostensiva do Estado nas mais diversas atividades, determinando a criação de um novo paradigma social:

> Salienta-se, outrossim, que a transformação do Estado Liberal clássico em Estado Social ocorreu, em grande modo, em face da incapacidade do modelo anterior em responder de maneira urgente à grave crise social e econômica que se abateu sobre o mundo, bem como em resposta aos ideais socialistas em expansão e, de maneira especial, ao Estado Socialista que surgiu, em 1917, na Rússia, que representava uma ruptura completa com o sistema capitalista.[279]

Observa-se que, após a 1ª Guerra Mundial, ocorre expansão do Fascismo, na Itália, e do Nazismo, na Alemanha, além de outras idéias nacionalistas, que se propõem como alternativa do grande capital nacional, como forma de estancar o crescimento das idéias socialistas, que, diante da situação econômica e social, conseqüentes da referida guerra, começam a conquistar muitos adeptos. Tal situação evita o comprometimento dos interesses capitalistas, mas contribui, de forma direta, para a eclosão da 2ª Guerra Mundial.[280]

---

[276] MORAIS, op. cit., p. 90.

[277] RITT, op. cit., p. 34- 35.

[278] Ibidem, p. 34- 35.

[279] Ibidem, p. 35.

[280] Ibidem, p. 35-36.

Após a 2ª Guerra Mundial ocorre o renascimento do Estado Social, da mesma forma que ocorre a expansão do Estado Socialista Soviético, fazendo surgir um mundo bipolar, dividido em duas facções, entre duas correntes mundiais, dominadas por suas potências mundiais, Estados Unidos da América (EUA) e União das Repúblicas Socialistas Soviéticas (URSS), fazendo com que ocorra a chamada guerra fria, que se estendeu até 1989, culminado com a queda do muro de Berlim, que, até então, representava a divisão do mundo nessas duas ideologias.[281]

O Estado Social retorna com mais força, pois passa a intervir no domínio econômico, trazendo preocupação com este e também preocupação com as questões sociais. Passa também a exercer atividade econômica, assistindo, de forma permanente, os excluídos do sistema social. Como marcas iniciais deste Estado estão o assistencialismo e o clientelismo.[282]

As constituições dos países passam a incorporar novos direitos, de matizes sociais e econômicas:

> As Constituições Sociais elevam os direitos sociais e econômicos ao nível de norma fundamental, havendo uma ampliação do leque de direitos fundamentais, somando-se estas ao núcleo liberal de direitos individuais e políticos. Entretanto, a leitura oferecida a estes direitos é ainda numa perspectiva liberal. Os direitos individuais ainda são vistos como direitos contra o Estado e a liberdade fundamental existe se o Estado não intervém no livre espaço de escolha individual. Os direitos individuais e políticos são direitos de implementação imediata e os direitos sociais e econômicos aparecem como normas programáticas, de implementação gradual e quando necessário.[283]

Na Europa, com a implementação efetiva dos direitos sociais e econômicos, ocorre uma nova fase democrática do Estado Social, com a superação da visão liberal dos grupos de direitos fundamentais.

Emerge, dessa realidade, o Estado de Bem-Estar Social – o *Welfare state*, ou, também denominado Estado Protetivo ou Estado Providência, como sendo aquele que garante tipos mínimos de renda, alimentação, saúde, habitação, educação, assegurando a todos os cidadãos tais direitos, não como caridade, mas como direito de cidadania, todos previstos na ordem constitucional.[284]

Nesse sentido,

---

[281] RITT, op. cit., p. 36.

[282] Ibidem, p. 36.

[283] MAGALHÃES, op. cit., p. 105.

[284] RITT, op. cit., p. 37.

O *Welfare state* emerge definitivamente como conseqüência geral das políticas definidas a partir das grandes guerras, da depressão econômica da década de 1930, embora sua formulação constitucional tenha se dado na segunda década do século XX (México, 1917; Weimar, 1919). Todavia, na França, "... os juristas e a própria constituição francesa de 1948 esboçam, pela primeira vez, a idéia de um Direito Social capaz de edificar uma nova solidariedade social. A formulação de um Direito Social vem corporificar a possibilidade de determinadas políticas e intervenções do Estado a favor de um equilíbrio social".[285]

Esse Estado Providência, no campo jurídico, por sua vez, incorpora novos direitos, quais sejam: direitos sociais dos pobres, das crianças, dos velhos, das mulheres, dos consumidores, do meio ambiente, que possuem cunho muito mais coletivo e difuso do que individual, que passam a exigir uma atitude positiva do Estado. É um estado que busca a inclusão social e onde a liberdade ocorre porque a população passa a ter acesso aos direitos sociais e econômicos, ou seja, o Estado oferece meios para que os indivíduos sejam livres.[286]

Ocorre que, para ser efetivamente includente, o Estado Protetivo agigantou-se, produzindo uma inflação legislativa. Para poder regular todo o seu campo de atuação, ocorreu um aumento da máquina pública, houve um "inchaço", com conseqüente aumento da burocracia, e, ainda, o domínio do Poder Executivo. Também ocorreu a perda de percepção do indivíduo, pois houve uma valorização constante somente da coletividade, ocasionando sério déficit na democracia. Todos esses fatos, somados, trouxeram uma grave crise conceitual no Estado definido como protetivo.[287]

3.2. O Estado Democrático de Direito: conceituação e principais características

Atualmente, e em decorrência de algumas questões históricas, produziu-se um novo conceito de Estado: o chamado Estado Democrático de Direito. Se o Estado Social pretendia fazer a correção das desigualdades através de garantias coletivas, este novo modelo de Estado procura ser agente de transformação social:

É por essas, entre outras, razões que se desenvolve um novo conceito, na tentativa de conjugar o ideal democrático ao Estado de Direito, não como uma aposição de conceitos, mas sob um conteúdo próprio onde estão presentes as conquistas demo-

[285] MORAIS, op. cit., p. 93.
[286] RITT, op. cit., p. 37.
[287] Ibidem, p. 37-38.

cráticas, as garantias jurídico-legais e a preocupação social. Tudo constituindo um novo conjunto onde a preocupação básica é a *transformação do status quo.* (grifo do autor)[288]

Ele surge como nova proposta, na tentativa de conjugar o ideal democrático ao Estado de Direito, sob um conteúdo próprio, em que estão presentes as conquistas democráticas, as garantias jurídicas, como também a preocupação social.[289]

Possui um conteúdo transformador da realidade. Não se restringe, como ocorre no Estado Social de Direito, a uma mera adaptação melhorada das condições sociais de existência. Seu conteúdo ultrapassa o aspecto material de concretização de uma vida digna ao homem, passando a fomentar a participação pública, os valores da democracia sobre seus elementos constitutivos, como também sobre a ordem jurídica.[290]

Citam-se como seus princípios: 1º) constitucionalidade: entendida como sendo a vinculação do Estado à Constituição, que é o instrumento básico de garantia jurídica; 2º) organização democrática da sociedade: tendo presentes os mecanismos tradicionais da democracia política, mas somados às possibilidades novas de participação social, o que ocorre através da participação dos atores sociais emergentes, como sindicatos, associações, dentre outros; 3º) sistema de direitos fundamentais individuais e coletivos; 4º) justiça social, que é a previsão de mecanismos corretivos para corrigir as desigualdades; 5º) igualdade: prevista não apenas como possibilidade formal, mas, também, como forma de construção de uma sociedade mais justa; 6º) divisão de poderes ou de Funções; 7º) segurança e certeza jurídica; e 8º) legalidade: que é definida como medida de direito, através de regras, formas e procedimentos, meio de ordenação racional, prescrito e vinculado, que excluem a arbitrariedade.[291]

O Estado Democrático de Direito possui a característica, pois, de ultrapassar a formulação de Estado Liberal de Direito, como também a do Estado Social de Direito, que é vinculado ao *Welfare state* neocapitalista, impondo à ordem jurídica e à atividade estatal um conteúdo que objetiva a transformação da realidade:

Quando assume o feitio democrático, o Estado de Direito tem como objetivo a igualdade e, assim, não lhe basta a limitação ou a promoção da atuação estatal, mas referenda a pretensão à transformação do *status quo.* A lei aparece como instru-

[288] MORAIS, op. cit., p. 74.
[289] RITT, op. cit., p. 38.
[290] MORAIS, op. cit., p. 74-75.
[291] Ibidem, p. 75.

mento de transformação da sociedade, não estando mais atrelada inelutavelmente à sanção ou à promoção. O fim a que pretende é a constante reestruturação das próprias relações sociais.[292]

O conceito de tal Estado é algo que está em constante construção, envolvendo valores sociais e sempre objetivando a transformação social. Esse também é um conceito estampado na Constituição Federal brasileira de 1988.

Não se desconhece, hoje, a ocorrência da chamada globalização, que, embora não tenha uma definição uniformizada na doutrina, pode dizer-se que é um conceito inicialmente usado para designar as firmas multinacionais.

Magalhães conceitua globalização como sendo:

movimento complexo de abertura de fronteiras econômicas e de desregulamentação, que permite às atividades econômicas capitalistas estenderem seu campo de atuação ao conjunto do planeta. O aparecimento de instrumentos de telecomunicações extremamente eficientes permitiu a viabilidade deste conceito, reduzindo as distâncias a nada. O fim do bloco soviético e o aparente triunfo planetário do modelo neoliberal no início dos anos 1990 parecem dar a esta noção uma validade histórica. Na França foi escolhido o nome de mundialização para substituir globalização.[293]

Celso Antônio Bandeira de Mello esclarece, por sua vez, que:

O Estado Social de Direito emerge, encerrando o ciclo do liberalismo, quando emerge o comunismo. Tão logo fracassa o comunismo, renascem, de *imediato*, com vigor máximo as idéias liberais, agora "recauchutadas" com o rótulo de "neo", propondo liminarmente a eliminação ou sangramento das conquistas trabalhistas e direitos sociais, do mesmo passo em que revive o imperialismo pleno e incontestado, sob a designação aparentemente técnica de "globalização". Não há nisto, como é óbvio, coincidência alguma. O que há é disseminação de *idéias políticas*, de interesse dos países dominantes e das camadas sociais mais favorecidas. Livres, uns e outros, dos temores e percalços que lhes impuseram as concessões feitas no curso do século presente, empenham-se, agora, ao final dele, em retomar as posições anteriores. Trata-se, como se vê, de um retorno ao mesmo esquema de poder, nos planos internos e internacional, vigente no final do século passado e início deste, sob aplausos praticamente unânimes em ambas as frentes.[294]

Todavia, para enfrentar a grande complexidade atual das relações humanas, nesta época de elevado avanço tecnológico, nesta sociedade diferenciada, somente um Estado forte pode intervir para garantir a democracia e os avanços sociais. É necessário que o papel do Estado seja democrático, onde a Constituição garanta os

[292] MORAIS, op. cit., p. 83.

[293] MAGALHÃES, op. cit., p. 108.

[294] MELLO, Celso Antônio Bandeira de. A democracia e suas dificuldades contemporâneas. *Revista de Direito Administrativo*, Rio de Janeiro, v. 212, abr./jun. 1998a, p. 70.

processos democráticos de constante mudança na sociedade, com respeito aos direitos fundamentais, sendo sua função conservar a democracia e reagir com força a qualquer tentativa de mudança autoritária e arbitrária nas chamadas regras do jogo, bem defendidas por Bobbio.[295]

O Estado Democrático de Direito está vinculado diretamente com a Dignidade Humana, buscando a transformação do *status quo*, privilegiando uma visão humanista na defesa dos direitos do ser humano.

Lembra Sarlet que a Dignidade Humana passa a ocupar lugar central nessa nova realidade estatal e jurídica:

> [...] a dignidade da pessoa humana – continua, talvez mais do que nunca, a ocupar um lugar central no pensamento filosófico, político e jurídico, do que dá conta a sua já referida qualificação como valor fundamental da ordem jurídica, para expressivo número de ordens constitucionais, pelo menos para as que nutrem a pretensão de constituírem um Estado democrático de Direito.[296]

Os direitos humanos, nessa nova realidade estatal, por sua vez, não existem apenas como meio de caridade ou para a proteção de indivíduos contra o clamor público. Todos estão protegidos para a própria manutenção do Estado de Direito. A evolução dos direitos humanos deve atingir, em especial, as pessoas, gerando a cada um e à coletividade o bem-estar geral, que é constituído por um núcleo de direitos fundamentais, ensinando ao indivíduo, não somente por uma questão legal, mas também enraizando a idéia de respeito ao próximo como sendo respeito a si mesmo, até como fundamento para a existência de uma sociedade mais justa.[297]

Dessa forma,

> Neste ambiente, de um renovado humanismo, a vulnerabilidade humana será tutelada, prioritariamente, onde quer que ela se manifeste. De modo que terão precedência os direitos e as prerrogativas de determinados grupos considerados, de uma maneira ou de outra, frágeis e que estão a exigir, por conseguinte, a especial proteção da lei. Nestes casos estão as crianças, os adolescentes, os idosos, os portadores de deficiências físicas e mentais, os não-proprietários, os consumidores, os contratantes em situação de inferioridade, as vítimas de acidentes anônimos e de atentados a direitos da personalidade, os membros da família, os membros de minoria, dentre outros.[298]

---

[295] BOBBIO, Norberto. *O Futuro da Democracia*: uma defesa das regras do jogo. Tradução de Marco Aurélio Nogueira. 5. ed. Rio de Janeiro: Paz e Terra, 1986, p. 65.

[296] SARLET, op. cit., 2001, p. 36-37.

[297] RULLI NETO, Antonio. *Proteção Legal do Idoso no Brasil*: Universalização da Cidadania. São Paulo: Fiúza Editores, 2003, p. 41-42.

[298] MORAES, op. cit., 2005, p. 118.

Observa-se que o Estatuto do Idoso, que posteriormente será devidamente analisado, quanto aos seus aspectos de proteção e prioridade ao idoso, foi criado com base nessas idéias, pois, além de trazer a proteção ativa do idoso, traz também mecanismos de educação e conscientização da sociedade, como se verá adiante.

Com a evolução do Estado, pode-se dizer que o principal objetivo do Estado atual é o de garantir e proteger o indivíduo, através de medidas que garantam a proteção dos direitos humanos, que estão inseridos nos direitos fundamentais, expressos na Constituição Federal de 1988.[299]

No Brasil, a Constituição Federal de 1988 nitidamente coloca o Estado como sendo Democrático de Direito, de forma expressa, no *caput* do artigo 1°, prevendo, ainda em seu artigo 1°, como princípios fundamentais desse Estado, a soberania, a cidadania, a dignidade da pessoa humana, os valores sociais do trabalho e da livre iniciativa e o pluralismo político.

Além disso, em seu artigo 3°, a Constituição Federal de 1988 determina que são objetivos fundamentais do Estado brasileiro a construção de uma sociedade livre, justa e solidária, o desenvolvimento nacional, a erradicação da pobreza e da marginalização, com a redução das desigualdades sociais e regionais, e, ainda, a promoção do bem de todos, sem preconceitos de origem, raça, sexo, cor, idade.

Portanto, é inegável que o Brasil assumiu-se como um Estado Democrático de Direito,[300] buscando a dignidade humana e a proteção dos direitos humanos e fundamentais, o que é primordial para a defesa do idoso.

---

[299] RULLI NETO, op. cit., p. 43.

[300] Nesse sentido, MORAES, Alexandre de. *Direito constitucional*. 17. ed. São Paulo: Atlas, 2005, p. 15-18; SILVA, José Afonso da. *Curso de Direito Constitucional Positivo*. 8. ed. São Paulo: Malheiros, 1992, p. 102; e BONAVIDES, Paulo, *Curso de Direito Constitucional*. 7. ed. São Paulo: Malheiros, 1998, p. 336, dentre tantos outros.

4. O Estatuto do Idoso: o Estado, a sociedade e as políticas públicas na proteção da dignidade do idoso

Após ter sido analisado o aumento do número de idosos no país, inclusive que tais pessoas, hoje, enfrentam uma realidade de preconceito e violência doméstica e familiar, bem como que o Brasil assumiu-se como um Estado Democrático de Direito, com o dever de proteger os idosos e garantir-lhes a dignidade, sob uma ótica humanista, de respeito aos direitos humanos, é preciso, agora, analisar a evolução legislativa e o próprio Estatuto do Idoso, criado pela Lei nº 10.741, de 1º de outubro de 2003, tido este como um sistema de garantias que possui como principal aspecto o de garantir a dignidade do idoso.

Aliás, em seu texto, estabelece o Estatuto do Idoso medidas de proteção, inclusive para protegê-lo da violência doméstica e familiar, objeto do presente estudo, situação tão comum na sociedade.

O Estatuto do Idoso surge como um microssistema legal muito avançado e cujos direitos nele inseridos devem ser efetivados por políticas públicas, propostas e executadas pelos administradores públicos, principalmente no Município, ente estatal, pois faz parte do interesse local a proteção dessa camada da população.

4.1. A evolução legislativa em relação ao idoso

Fixada a importância que o idoso passa a ter no país, em face do aumento considerável da população, bem como da necessidade de proteger tais pessoas, numa ótica humanista, de efetivação dos direitos, de atuação estatal e social, é necessário verificar como a legislação constitucional e infraconstitucional brasileira lida com a questão do idoso.

Ora, o homem é um ser multidimensional: aspectos biológicos, sociológicos, psicológicos, culturais, intelectuais e espirituais afetam seu envelhecimento, interferem no seu modo de vida, na sua relação com o meio e na conseqüente repercussão no coletivo. A velhice deve ser pensada de forma coletiva para poder ser planejada e, conseqüentemente, atender às necessidades sociais, que são também individuais. O idoso, como ser humano, também possui proteção de cidadão e deve ser contemplado por todos os instrumentos que assegurem sua dignidade, sem qualquer distinção.[301]

No Brasil, a proteção ao idoso possui previsão constitucional, em vários de seus artigos. A Constituição Federal de 1988, logo em seu artigo 1°, declara que são princípios fundamentais da República Federativa do Brasil a cidadania e a dignidade humana, conforme os incisos I e II.

Também a Constituição Federal de 1988 estipulou que um dos objetivos fundamentais da República é o de promover o bem de todos, sem preconceito ou discriminação em face da idade, de origem, de raça, do sexo, da cor e de quaisquer outras formas de discriminação, consoante seu artigo 3°, inciso IV.

O idoso possui direito ao seguro social, à aposentadoria (variando suas idades, se homem ou mulher, se trabalhador urbano ou rural), conforme previsão no artigo 201 da Constituição Federal. E mesmo quando o idoso não integra o sistema da seguridade social, por não ter contribuído para a Previdência Social, a Constituição Federal também assegura prestação de assistência social à velhice.

A referida proteção irá ocorrer com os recursos orçamentários da Previdência Social, prevendo, dentre outros, a garantia de um salário mínimo mensal ao idoso que comprove que não possui meios para prover sua própria manutenção ou tê-la provida por sua família, conforme artigos 203, inciso V, e 204.

A Constituição Federal dá especial destaque ao papel da família, pois ela é a base da sociedade, merecendo especial atenção do Estado. Então, em decorrência de interpretação do artigo 226, o Estado deverá assegurar assistência a cada um dos que o integram, inclusive criando mecanismos que coíbam a violência no interior de suas relações.

É dever da família, do Estado e da sociedade amparar as pessoas idosas, assegurando sua participação na comunidade, e, conforme

[301] CORTELLETTI, I.; CASARA, M. B; HERÉDIA, V. B.; (Orgs.), op. cit., p. 105-106.

artigo 3°, inciso V, da Carta Magna de 1988, defende sua dignidade e seu bem-estar, como também garantindo ao idoso o direito à vida. E, também, conforme o próprio texto constitucional, inserto no artigo 230, § 1°, os programas de amparo ao idoso serão executados preferencialmente em seu lares.

Também é direito constitucional, garantido pelo artigo 230, § 2°, que o maior de 65 anos possui direito ao transporte gratuito. O maior de 70 anos exerce o voto facultativamente, consoante o artigo 14, inciso II, letra "b", da Constituição Federal de 1988.

O direito do idoso foi contemplado, pela primeira vez, de uma forma ampla, na Lei n° 8.842/94, que descreveu a Política Nacional do Idoso. Buscou envolver todos os segmentos das esferas federal, estadual e municipal, com o objetivo de garantir o bem-estar físico, emocional e social dos idosos em todo o território brasileiro.[302]

Dentre suas diretrizes, a referida Lei propõe que se priorize o atendimento aos idosos por meio de suas próprias famílias, em detrimento do atendimento asilar. Fica assim, oficializada a chamada reprivatização do cuidado do idoso, como também o retorno à família da responsabilidade de cuidá-lo.[303]

Trata-se de um programa de ações governamentais que requer que cada Ministério, seja da Previdência e Assistência Social, Cultura, Educação e Desportos, Justiça, Saúde, Trabalho e Planejamento, trace um plano para que suas ações sejam operacionalizadas. Uma das conseqüências de tal operacionalização, na área da saúde, foi a criação da Política Nacional de Saúde do Idoso, regulamentada através da Portaria n° 1.395, de dezembro de 1999.

O objetivo principal da referida política é a promoção do envelhecimento saudável, a preservação e a melhoria da capacidade funcional dos idosos, a prevenção de doenças, a recuperação da saúde e a reabilitação daqueles que apresentam alguma restrição de sua capacidade funcional.

Uma das diretrizes da Política Nacional do Idoso propõe o apoio ao desenvolvimento dos cuidadores informais, que deveria ser implementado através de uma parceria com os profissionais da área da saúde. Outra conseqüência de tal política foi a criação do Programa de Assistência aos Portadores da Doença de Alzheimer, através da Portaria n° 703, do Gabinete do Ministro (GM), que entrou em vigor a partir do dia 16 de abril de 2002. Determinação do

---

302 SANTOS, Silvia Maria Azevedo de. *Idosos, família e cultura*: um estudo sobre a construção do papel do cuidador. Campinas, SP: Alínea, 2003, p. 24-25.

303 Ibidem, p. 24.

Ministério da Saúde estipulou que esse programa fosse instituído no âmbito do Sistema Único de Saúde (SUS), possibilitando que sua área de abrangência seja estendida para todo o território nacional.[304]

Conforme a Portaria nº 703, antes referida, os centros de referência em Assistência à Saúde do Idoso passam a ser os responsáveis pelo diagnóstico, pelo tratamento, com a distribuição gratuita de medicamentos, pelo acompanhamento dos pacientes, pela orientação a familiares e cuidadores e por outras coisas que forem necessárias. É a primeira vez que existe uma Política de Saúde Pública, que possui como objetivo oferecer um suporte verdadeiramente sistematizado para atender às demandas dos portadores e familiares de pacientes que possuam demência.[305]

A Lei nº 8.842/94 também propõe que sejam incluídos, nos currículos dos cursos superiores da área da saúde, conhecimentos de geriatria e gerontologia, objetivando capacitar recursos humanos com preparo para atender às demandas das pessoas idosas e de seus familiares, buscando um maior investimento na área de promoção para um envelhecimento saudável que atinja, de forma efetiva, a população em geral.[306]

A Política Nacional do Idoso, foi instituída pela Lei nº 8.842, de 4 de janeiro de 1994 e regulamentada pelo Decreto nº 1.948, de julho de 1996. É um instrumento básico, pois possui aspectos importantes, repetindo, em seu artigo 3º, os princípios constitucionais que garantem a cidadania, a plena integração social do idoso; defende sua dignidade, o bem-estar e o direito à vida, da mesma forma que repudia a sua discriminação.

Essa legislação, quando discorre sobre a implementação da Política Nacional do Idoso, atribui ao Poder Público várias incumbências em diversas áreas como, por exemplo: promoção de assistência social, com previsões de ações no sentido de atender às necessidades básicas do idoso, como também na área da saúde, da educação, do trabalho, da habitação, do urbanismo, da justiça e da cultura.

Tal Lei também prevê, em seus artigos 5º e 6º, a criação de Conselhos do Idoso no âmbito da União, dos Estados, dos Municípios e do Distrito Federal, tendo como objetivo formular, coordenar, supervisionar e avaliar a Política Nacional do Idoso, conforme suas respectivas atuações.

---

[304] SANTOS, op. cit., p. 25-26.

[305] Ibidem, p. 26.

[306] Ibidem, p. 26.

Já o Decreto nº 1.948, de 3 de julho de 1996, regulamenta a Lei sobre a Política Nacional do Idoso. Na referida regulamentação, há a conceituação de assistência asilar e não-asilar para o idoso, em seus artigos 3º, 4º e 17. Atribui tarefas a cada órgão da administração pública, na execução da Política Nacional do Idoso, em seus artigos 5º a 16, respectivamente.

Em seu artigo 18, inclusive, o Decreto proíbe a permanência do idoso em instituições asilares, quando seja portador de doença que exija assistência médica permanente ou de assistência de enfermagem intensiva, cuja falta possa colocar em risco sua vida ou a vida de terceiros.

Também assegura ao idoso o direito de dispor de seus bens, proventos, pensões e benefícios, salvo nos casos de incapacidade judicialmente comprovada. O referido decreto também estabelece que todo cidadão tem o dever de denunciar à autoridade competente qualquer forma de negligência ou desrespeito ao idoso.

Outro diploma legal importante surgido em nosso país é a Lei nº 8.742, de 7 de dezembro de 1993, que dispõe sobre a Organização da Assistência Social (LOAS) dando seqüência ao artigo 203, inciso V, da Constituição Federal, que assegura, no que se refere à assistência social à velhice, a prestação continuada, que é a garantia de um salário mínimo mensal à pessoa portadora de deficiência e ao idoso com 70 anos ou mais, quando comprovem que não possuem meios para prover a própria manutenção, que também não é provida por sua família, conforme seu artigo 20.

Em janeiro de 1998, surge a Lei nº 9.720, que estabeleceu a idade mínima de 67 anos para receber o benefício da prestação continuada, anteriormente fixada para os idosos de 70 anos. Atualmente o idoso que contar com 67 anos, e que possua as exigências legais previstas, poderá ser contemplado pelo referido benefício.

O Decreto nº 2.170, de 04 de março de 1997, alterou o Decreto nº 89.250, de 27 de dezembro de 1983, estabelecendo campo próprio no formulário da carteira de identidade para a expressão "idoso ou maior de sessenta e cinco anos".

A Lei nº 10.048, de 08 de novembro de 2000, estabeleceu prioridade no atendimento do idoso, maior de 65 anos, em todos os bancos, órgãos públicos e concessionários de serviço público. Já a Lei nº 10.173, de 08 de janeiro de 2001, incluiu os artigos 1211-A, 1.211-B e 1.211-C no Código de Processo Civil, estabelecendo prioridade na tramitação de processos judiciais de idosos, maiores de 65 anos, em qualquer instância ou tribunal.

A Lei Complementar nº 75, de 1993, em seus artigos 5º e 6º, atribuiu ao Ministério Público a defesa do idoso.

A Constituição Federal de 1988, em seu Título VIII, Capítulo VII, ao tratar da Ordem Social, concedeu tutela jurídica à família, à criança, ao adolescente e também ao idoso, conforme seus artigos 226 a 230. Todavia, até então não havia um conjunto de regras mais claras e profundas na proteção do idoso.

Há muito tempo, essa camada social composta por cerca de 16 milhões de pessoas necessitava de um microssistema jurídico que lhe desse maior atenção, como ocorreu com as crianças e os adolescentes, com o advento do Estatuto da Criança e do Adolescente (ECA).

Ressalta-se que o merecido tratamento ao idoso deveria estar fundamentado nas questões éticas, morais e familiares da sociedade. Porém, na realidade atual, onde a discriminação se faz presente, foi necessária a criação de uma legislação, para que o merecido respeito a essa camada da população brasileira fosse efetivamente realizado.

Para tentar trazer a proteção e a valorização social do idoso, de maneira mais efetiva, foi editada a Lei nº 10.741, de 1º de outubro de 2003, conhecida como o Estatuto do Idoso, destinada a regular os direitos das pessoas que possuem idade igual ou superior a 60 anos, trazendo em seu texto regras de direito privado, previdenciário, processual e penal, numa função exclusivamente protetiva.

O principal aspecto de tal Estatuto está na estruturação e construção de uma consciência política e social diante da necessidade de se fazer valer os direitos fundamentais do idoso.

Consoante Rulli Neto:

> Para cada finalidade foi estabelecida uma idade mínima, de acordo com os princípios que regem a política brasileira do idoso. A família, a sociedade e o Estado têm o dever de assegurar ao idoso todos os direitos da cidadania, garantindo sua participação na comunidade, defendendo sua dignidade, bem-estar e o direito à vida.[307]

Dividido em 7 capítulos, com 118 artigos, o Estatuto, inspirado numa filosofia do direito de cunho humanista, tem como principal finalidade o usufruto dos direitos fundamentais e de proteção garantidos aos idosos. Possui como títulos: Disposições Preliminares, Dos Direitos Fundamentais, Das Medidas de Proteção, Da Política de Atendimento ao Idoso, Do Acesso à Justiça, Dos Crimes e, finalmente, Das Disposições Finais e Transitórias.

---

[307] RULLI NETO, op. cit., p. 31.

Através dele foram criados novos tipos penais, alterados diversos dispositivos do Decreto-Lei nº 2.848, de 7 de setembro de 1940, que instituiu o Código Penal Brasileiro, e também do Decreto-Lei nº 3.688, de 3 de outubro de 1941, que instituiu a Lei das Contravenções Penais. Também instituiu várias agravantes e outros tantos casos de aumento de pena na hipótese de crime envolver pessoa idosa.

4.2. O Estatuto do Idoso como um sistema de garantias – o Princípio da Prioridade Absoluta

O advento do referido Estatuto representa, sem dúvida, grande inovação quanto às políticas e aos procedimentos de proteção aos idosos. Em seu artigo 1º, define quem é a pessoa considerada idosa, ou seja, quem possui idade superior ou igual a 60 anos. Também determina, em seu artigo 2º, que o idoso goza de todos os direitos fundamentais inerentes à pessoa humana.

Determina a garantia aos idosos dos direitos fundamentais, já consagrados na Constituição Federal de 1988, quais sejam: o direito à vida, à liberdade, ao respeito e à dignidade, o que não deixa de ser uma forma que o legislador infraconstitucional encontrou de ressaltar mais uma vez, com relação aos idosos, alguns direitos fundamentais constitucionalmente previstos, de modo especial quanto à sua dignidade.

A repetição dos direitos fundamentais e sociais a todos garantidos pela Constituição Federal de 1988 demonstra que o legislador do Estatuto tinha presente a realidade de violência doméstica e familiar contra o idoso. Então fez com que a Lei não apenas repetisse a Constituição, mas que também criasse instrumentos mais eficientes para dar efetividade àquelas garantias.[308]

A responsabilidade de atuação na proteção do idoso não é só do Estado, mas, também, da sociedade:

> O Estatuto do Idoso prevê a atuação bifronte do Estado pelo próprio texto normativo. Por um lado são colocados os direitos do idoso, por outro, até mesmo a sociedade e a comunidade são co-responsáveis pela sua efetividade. O disposto no art. 4º, §1º, que estatui como dever de todos prevenir ameaça ou violação aos direitos do idoso cumpre tal papel, educando a população sobre a necessidade da proteção do direito. O art. 10, § 3º, do mesmo modo, também transfere à sociedade a co-

[308] JESUS, Damásio de. et al. *Estatuto do idoso anotado*: Lei n. 10.741/2003: aspectos civis e administrativos. São Paulo: Damásio de Jesus, 2005, p. 24.

responsabilidade pela dignidade da pessoa idosa, sem, é claro, retirar do Estado tal incumbência.[309]

O Estatuto configura-se, assim, como um verdadeiro microssistema legal de garantias e proteção do idoso, com propostas inovadoras, principalmente referentes a medidas de proteção e de disciplina e fiscalização das entidades de atendimento a eles, como adiante se verá.

O idoso, conforme o referido Estatuto, é protegido pelo Princípio da Prioridade Absoluta, trazendo, como obrigação da família, da comunidade, da sociedade e do Poder Público, o dever de assegurar ao idoso a efetivação do direito à vida, à saúde, à alimentação, à educação, à cultura, ao esporte, ao lazer, ao trabalho, à cidadania, à liberdade, à dignidade, ao respeito e à convivência familiar e comunitária. Também fez questão de definir que a garantia de prioridade compreende que nenhuma pessoa de tal categoria será objeto de qualquer violência ou negligência.

Inova não somente ao reunir as normas que são relativas à proteção da pessoa idosa, mas também cobra de todos o seu efetivo envolvimento, para que ocorra o funcionamento dos direitos que foram definidos pelo legislador.[310]

Quanto à prioridade, traz a determinação de preferência do idoso, possibilidade de passar à frente dos outros, ou seja, de ter primazia sempre. O Estatuto do Idoso, em vários artigos, insiste na necessidade de que pessoas com mais de 60 anos têm de ser atendidas antes das demais. Também estabelece, no seu artigo 3°, um conceito do que venha a ser prioridade, que é muito mais do que ter lugar em fila de banco ou assento reservado em ônibus,[311] buscando, inclusive, a conscientização da sociedade:

> O art. 4º, §1º e o art. 10, § 3º são exemplos de que é dever de todos prevenir a ameaça ou violação aos direitos do idoso, bem como zelar por sua dignidade. O Estatuto usa o verbo *dever* (grifo do autor) e o direciona à sociedade, ou seja, é dever de todos. A evolução do Estado cria a necessidade de haver um comportamento social consciente e participativo. O Estado deixa de estar sozinho em um dos lados da moeda – conta com as pessoas e com a iniciativa privada em caráter de complementaridade – necessidade. Obviamente, o Estado, não pode furtar-se de suas obrigações, mas a colaboração, em caráter suplementar da iniciativa privada e das pessoas em geral, não apenas dão ao Estado melhores condições para atender às pessoas, por exemplo, mas tem caráter educativo quanto àqueles que

---

[309] RULLI NETO, op. cit., p. 58-59.

[310] Ibidem, p. 52.

[311] SIQUEIRA, Luiz Eduardo Alves de. *Estatuto do Idoso de A a Z*. Aparecida, SP: Idéias e Letras, 2004, p. 143.

colaboram e quanto à sociedade em geral. O próprio Estatuto segue tais idéias (arts. 22, § 3º e 24), por prever mecanismos de educação/conscientização social. O ECA – Estatuto da Criança e do Adolescente já continha dispositivo semelhante em seu art. 18.[312]

A explicação é no sentido de que o Estatuto do Idoso quer assegurar o direito aos idosos, como também pretende educar a população, para que dê o devido valor àqueles que o tempo e a experiência tornam importantes. O Estatuto não pede compaixão, mas, sim, ordena respeito ao idoso, assegurando seu merecido espaço na vida social.[313]

A garantia de prioridade de que trata o parágrafo único do artigo 3º do Estatuto tem analogia com as metas da Política Nacional do Idoso, estipulada pela Lei nº 8.842, de 4 de janeiro de 1994.[314]

Tal prioridade, aliás, é da sociedade, do Estado e de todos:

> Já no art. 3º, a nova Lei afirma que é "obrigação da família, da comunidade, da sociedade em geral e do Poder Público assegurar ao idoso, com absoluta prioridade, a efetivação dos direitos referentes à vida, à saúde, à alimentação, à educação, à cultura, ao esporte, ao lazer, ao trabalho, à cidadania, à liberdade, à dignidade, ao respeito e à convivência familiar e comunitária". Ou seja, em todos os setores da vida social. O emprego da palavra "absoluta" não deixa dúvidas: trata-se de uma prioridade não sonora de palavra e vazia de sentido. É uma preferência que se coloca à frente de todas as outras: crianças, adolescentes e adultos.[315]

A garantia da prioridade envolve o atendimento preferencial, imediato e individualizado, junto aos órgãos públicos e privados, que prestam serviços à população.

O princípio da prioridade absoluta vai além, pois afirma que no conceito de prioridades está a preferência na formulação e na execução de políticas públicas específicas, conforme artigo 3º, inciso II. Isso significa que os vários governos, municipal, distrital, estadual e federal, quando planejarem as políticas públicas, deverão incluir o idoso no orçamento, como também ele deverá ser prioridade na ocasião da prática administrativa.[316]

Da mesma forma, o inciso III do artigo 3º do Estatuto ordena a destinação privilegiada de recursos públicos nas áreas que são relacionadas com a proteção do idoso. Assim, mais do que simplesmente prever como as verbas públicas deverão ser gastas, o critério

---

312 RULLI NETO, op. cit., p. 52.

313 SIQUEIRA, op. cit., p. 143.

314 BOAS, Marco Antonio Vilas. *Estatuto do Idoso comentado.* Rio de Janeiro: Forense, 2005, p. 8.

315 SIQUEIRA, op. cit., p. 143-144.

316 Ibidem, p. 144.

quanto à prioridade com relação ao idoso será para a efetiva proteção deste.[317]

Observa-se que a prioridade está no sentido de absoluta eficácia dos direitos humanos e fundamentais; por isso, os órgãos públicos, as instituições, como também os estabelecimentos privados, devem dar prioridade ao atendimento do idoso.[318]

É a conclusão de Marcos Ramayana:

> II. preferência na formulação e na execução de políticas sociais públicas específicas;
>
> A precedência encerra norma de princípio institutivo e de condensação que deve se irradiar sobre todos os regulamentos e leis Estaduais, Municipais etc. [...].
>
> III. destinação privilegiada de recursos públicos nas áreas relacionadas com a proteção do idoso;
>
> Os recursos públicos devem conter percentual pré-estabelecido (*sic)* para o setor dos idosos. Trata-se de destinar nos planos orçamentários valores para as áreas de saúde, educação, cultura e outras.[319]

A prioridade absoluta, também expressa no inciso IV do artigo 3º do Estatuto, inclui como prioridade a viabilização de formas, como também de alternativas de participação, ocupação e convívio do idoso com as demais gerações. A conclusão, quanto ao referido inciso, é no sentido de que não basta que sejam assegurados verbas e programas se, ao mesmo tempo, não forem proporcionados, ao idoso, condições para que tenha contato com as pessoas de faixa etária inferior. Essa saudável convivência tem por objetivo favorecer sua interação como também o aprendizado de respeito que as outras gerações devem ter para com ele.[320]

A contribuição do Estatuto foi a abertura de prioridades na efetivação dos direitos do idoso. Essas prioridades foram sustentadas no atendimento preferencial sobre outras faixas etárias. Prevê, conforme já referido, a preferência legal na formulação e execução de ações sociais específicas, como também privilégios orçamentários no direcionamento dos recursos públicos.[321]

Assim, determina o Estatuto a formulação de ações que visem à inserção do idoso no seio de outras gerações, ocupando-lhe o tempo em processo de participação e convívio. Preferência de atendimento no próprio seio familiar, à exceção de a família não possuir as con-

---

[317] SIQUEIRA, op. cit., p. 144-145.

[318] RAMAYANA, Marcos. *Estatuto do Idoso comentado*. Rio de Janeiro: Roma Victor, 2004, p. 16.

[319] Ibidem, p. 17.

[320] SIQUEIRA, op. cit., p. 145.

[321] BOAS, op. cit., p. 8.

dições ideais e necessárias para o abrigamento, seja pela carência de recursos ou por outros motivos. Também a faculdade de atendimento especializado de serviços nas áreas de geriatria e gerontologia; ações de orientação ao processo de envelhecimento, ressaltando os fatores biológicos, psíquicos e sociais do idoso; a facilitação e o acesso aos serviços de saúde e assistência social, de preferência, dentro da própria comunidade onde vive o idoso.[322]

Assim, todos os segmentos da sociedade deverão estar atualizados para a mudança desse quadro e, efetivamente, garantir que a triste realidade do idoso seja alterada, para que as determinações previstas no Estatuto, de que o idoso não sofra violência e/ou negligência, realmente se efetivem.

Para o Senador Paulo Paim, autor do projeto do Estatuto do Idoso,

> Garantir a cidadania plena aos idosos significa fortalecer a democracia, um trabalho contínuo e exaustivo, que necessita da participação e da vigilância de cada um de nós, brasileiros que lutamos e acreditamos na viabilidade de uma sociedade mais humana e mais justa e de um conseqüente mundo melhor. Estamos transformando uma cultura, tendo em vista o novo mundo com o qual sonhamos.[323]

O Estatuto determina, em seu artigo 14, que, se os familiares do idoso não possuírem condições econômicas de prover o seu sustento, o que com certeza não será uma exceção, pois a realidade de pobreza e carência econômica em que vive nossa população remetem para tal solução, é imposto então ao Poder Público que realize esse provimento, de garantir o sustento dos idosos, no âmbito da assistência social.

Entre outros aspectos importantes, é essencial destacar o estabelecimento de Medidas Gerais de Proteção, sempre aplicadas quando os direitos dos idosos estiverem ameaçados ou sendo efetivamente violados.

Ocorrendo qualquer hipótese de ameaça ou violação de direitos do idoso, o Ministério Público ou o Poder Judiciário poderão determinar medidas diversas, previstas no artigo 45 do Estatuto: I – encaminhamento à família ou ao curador, mediante termo de responsabilidade; II – orientação, apoio e acompanhamento temporários; III – requisição para tratamento de sua saúde, em regime ambulatorial, hospitalar ou domiciliar; IV – inclusão em programa oficial ou comunitário de auxílio, orientação e tratamento a usuários

---

[322] BOAS, op. cit., p. 8-9.

[323] PAIM, Paulo. Prefácio. In: SIQUEIRA, Luiz Eduardo Alves de. *Estatuto do Idoso de A a Z*. Aparecida, SP: Idéias e Letras, 2004, p. 22.

dependentes de drogas ilícitas, ao próprio idoso ou à pessoa de sua convivência que lhe cause perturbação; V – abrigo em entidade; e VI – abrigo temporário.

No que diz respeito à Política de Atendimento ao Idoso, prevista no artigo 46 do Estatuto, determinou-se que isso ocorrerá por meio do conjunto articulado de ações governamentais e não-governamentais da União, dos Estados, do Distrito Federal e dos Municípios, estabelecendo que as linhas de ação da política de atendimento já estão previstas, entre outras, na Lei nº 8.842, de 4 de janeiro de 1994. E determina que haja a participação da sociedade civil e das Organizações Não-Governamentais (ONGs) para a efetividade dos direitos dos idosos.

Quanto às entidades de atendimento, o Estatuto, em seu artigo 48, ressalta a necessidade de um efetivo controle e de uma fiscalização, para que tais entidades proporcionem efetivamente bem-estar e programas de ajuda ao idoso. Deverá ocorrer efetiva fiscalização de tais entidades pelo Estado, a fim de que seja a dignidade dos idosos assegurada, para que tais entidades não se transformem simplesmente em "depósitos de velhos" ou em "asilos sem dignidade", usados pelas famílias que, através de violência e de total displicência, não queiram mais qualquer tipo de vínculo ou preocupação com seus pais ou outros ascendentes, ou seja, seus "velhos".

As entidades governamentais e não-governamentais que desenvolverem os programas de institucionalização de longa permanência deverão adotar os seguintes princípios, objetivando a prioridade e o bem-estar do idoso, nos termos do artigo 49 do Estatuto: I – preservação dos vínculos familiares; II – atendimento personalizado e em pequenos grupos; III – manutenção do idoso na mesma instituição, salvo em caso de força maior; IV – participação do idoso nas atividades comunitárias, de caráter interno e externo; e V – observância dos direitos e das garantias dos idosos, preservação da identidade do idoso e oferecimento de ambiente de respeito e dignidade.

Como conseqüência ao Princípio de Prioridade Absoluta quanto ao Idoso, o Estatuto estabelece, também, em seu artigo 71, em face do acesso à justiça, prioridade ao Idoso quanto ao atendimento e à tramitação dos processos, assim como a criação de varas judiciais especializadas e exclusivas para o idoso.

Estabelece, ainda, uma específica repressão aos crimes contra os idosos, prevendo crimes, penas e disposições penais e processuais penais, a partir do artigo 93 do referido Estatuto.

Todavia, em face da nossa cultura de discriminação contra o idoso, haverá quem entenda essa nova legislação como utópica, com metas inalcançáveis, pois o mesmo foi dito quando do advento do Estatuto da Criança e do Adolescente. Mas, naquele caso, o tempo e as políticas públicas efetivas mostraram justamente o contrário.

O que deve ocorrer, então, é o esforço concentrado entre a sociedade civil, o Estado, as Organizações não-Governamentais, os administradores públicos e operadores jurídicos na efetivação do Estatuto, concretizando a dignidade do idoso como ser humano, sujeito de direitos e deveres.

Como se vê, o Brasil dispõe, agora, de um sistema legal abrangente, com o novo Estatuto, que é um microssistema legal, bastante avançado para o país. E, conforme Rulli Neto, o idoso deve ter, sempre que possível, acesso às condições básicas de subsistência e sobrevivência, de forma independente, com o apoio do Estado, da comunidade e da sua própria família.[324]

Claro que essa nova concepção de mundo deve começar já na infância,[325] pois o respeito com relação aos idosos está também na formação recebida pela pessoa na sua célula, qual seja, a família. Mas para isso, além de uma mudança profunda de mentalidade, também há de ocorrer implementação de eficientes políticas públicas que preparem as pessoas para tal realidade de envelhecimento da sociedade.

4.3. A concretização do Princípio da Dignidade da Pessoa Humana através de políticas públicas para proteção do idoso contra a violência doméstica e familiar

Não haverá nenhum proveito ao se analisar os princípios fundamentais constitucionais, principalmente o da Dignidade da Pessoa Humana, ou as inovações legislativas trazidas pelo Estatuto do Idoso, como um microssistema legal de garantias e de direitos, se não houver políticas públicas efetivas de proteção dos idosos, em especial contra a violência doméstica e familiar.

O Princípio da Dignidade da Pessoa Humana, como se viu, é um dos fundamentos da República Federativa do Brasil. O Poder Público, mais especificamente o Município, é obrigado a efetivar as

324 RULLI NETO, op. cit., p. 32.

325 COSTA, M. M. M.; VERONESE, J. R, P., op. cit., p. 1138.

políticas públicas que garantam a concretização do referido princípio constitucional. De nada adiantam tais normas constarem no texto constitucional se não for possível sua concretização.

O referido Princípio não apenas impõe um dever de abstenção (respeito) do Estado, mas também condutas positivas tendentes a efetivar e proteger a dignidade dos indivíduos. Nessa linha de raciocínio, sustenta-se que a concretização do programa normativo de tal Princípio incumbe aos órgãos estatais, especialmente ao legislador.[326]

Então, tal Princípio foi reconhecido pela ordem jurídico-estatal, de forma expressa ou implicitamente, passando a se verificar que a Dignidade da Pessoa passou a integrar o direito positivo vigente,[327] impondo ao Estado, além do dever de respeito e proteção, a obrigação de promover as condições que viabilizem e removam toda sorte de obstáculos que estejam a impedir às pessoas de viverem com dignidade, inclusive as agressões de terceiros.[328]

O Estado, visto de uma forma geral, possui a tarefa primordial de preservar e garantir a Dignidade da Pessoa Humana, inclusive promovendo-a, através de ações positivas, já que seria esta uma condição de limite da atividade dos poderes públicos, pois a dignidade necessariamente é algo que pertence a cada um e que não pode ser perdida ou alienada, porquanto, deixando de existir, não haveria mais limite a ser respeitado pelo Estado.[329] Aliás, sem o Estado seria praticamente impossível ao indivíduo, de forma isolada, realizar suas necessidades existenciais básicas, razão pela qual caberiam a ele ações positivas no sentido de propiciar aos indivíduos o pleno exercício e a fruição da dignidade:

> A Constituição Federal de 1988 trouxe em seu texto, expressamente, direitos e garantias fundamentais, mas, apesar disso, há a necessidade de vontade política para o implemento da norma – direcionamento das políticas públicas para a proteção do ser humano, sempre que não for auto-aplicável o dispositivo constitucional ou no caso de depender de implementação de políticas públicas.[330]

Para Sarlet, é preciso uma tomada de atitude por parte de todos, eis que:

> Tendo em vista os aspectos destacados, há como afirmar, sem medo de errar, que, a despeito da existência de pontos passíveis de crítica e ajustes, os direitos funda-

---

326 SARLET, op. cit., 2001, p. 108.

327 Ibidem, p. 67.

328 Ibidem, p. 109.

329 Ibidem, p. 47.

330 RULLI NETO, op. cit., p. 58.

mentais estão vivenciando o seu melhor momento na história do constitucionalismo pátrio, ao menos no que diz com seu reconhecimento pela ordem jurídica positiva interna e pelo instrumentário que se colocou à disposição dos operadores do Direito, inclusive no que concerne às possibilidades de efetivação sem precedentes no ordenamento nacional. Para que este momento continue a integrar o nosso presente e não se torne mais outra mera lembrança, com sabor de ilusão, torna-se indispensável o concurso da vontade por parte de todos os agentes políticos e de toda a sociedade.[331]

Nesse sentido, assim como Konrad Hesse[332] fala em "vontade de Constituição" para a preservação e o fortalecimento da força normativa da Lei Fundamental, se torna indispensável, consoante ensina Sarlet, a existência de uma "[...] vontade dos direitos fundamentais [...]",[333] sempre com o objetivo de concretizar a Dignidade da Pessoa Humana.

Hesse também ensina que:

Essa vontade de Constituição origina-se de três vertentes diversas. Baseia-se na compreensão da necessidade e do valor de uma ordem normativa inquebrantável, que proteja o Estado contra o arbítrio desmedido e disforme. Reside, igualmente, na compreensão de que essa ordem constituída é mais do que uma ordem legitimada pelos fatos (e que, por isso, necessita de estar em constante processo de legitimação). Assenta-se também na consciência de que, ao contrário do que se dá com uma lei do pensamento, essa ordem não logra ser eficaz sem o concurso da vontade humana. Essa ordem adquire e mantém sua vigência através de atos de vontade. [334]

O artigo 230 da Constituição Federal também estabelece que "A família, a sociedade e o Estado têm o dever de amparar as pessoas idosas, assegurando sua participação na comunidade, defendendo sua dignidade e bem-estar e garantindo-lhes o direito à vida [...]".

Jair Militão da Silva esclarece que as políticas públicas são as respostas que os governos dão, através de seus dirigentes, aos problemas que possuem caráter de demanda coletiva. Mas, adverte tal autor, que os dirigentes políticos somente terão sensibilidade na atuação em prol da coletividade se não forem afetados unicamente pelas relações de poder, mas, também, se houver a influência da consideração da Dignidade Humana como critério máximo para a formulação das políticas públicas.[335]

---

[331] SARLET, op. cit., 2004, p. 80.

[332] HESSE, Konrad. *A Força Normativa da Constituição*. Tradução de Gilmar Ferreira Mendes. Porto Alegre: Sérgio Antonio Fabris Editor, 1991, p. 19.

[333] SARLET, op. cit., 2001, p. 80.

[334] HESSE, op. cit., p. 19-20.

[335] SILVA, Jair Militão da. A consideração da Dignidade Humana como critério de formulação de políticas públicas. In: MARCÍLIO, M.L.; PUSSOLI, L. (Org.). *Cultura dos Direitos Humanos*. LTr, 1998, p. 195-198, passim.

Assim, o Estado não pode ignorar a nova realidade brasileira, de que a população está envelhecendo, devendo realizar políticas de proteção ao idoso, que devem fazer parte da agenda de prioridades do governo brasileiro.

É que não pode ser ignorado que a conquista dos direitos dos idosos é resultado do reconhecimento da centralidade dos direitos humanos no Brasil, ocorrida a partir da vigência da Constituição Federal de 1988, cuja elaboração foi precedida por intenso debate no qual houve participação ativa da sociedade civil.

E reconhecer a universalidade dos direitos humanos significa dizer que tal não pode ser invalidada, relativizada ou limitada por qualquer tipo de particularismos. A indivisibilidade e a interdependência dos direitos humanos, com os direitos fundamentais e com o princípio da Dignidade da Pessoa Humana, são essenciais para a defesa e proteção dos direitos do idoso.

Assim, compete ao administrador público estar atento à ampliação dos interlocutores, sendo que a busca da inclusão da dignidade humana como critério da formulação de políticas públicas é a procura de apoio à criação e manutenção de grupos concretos nos quais as pessoas possam vivenciar uma experiência de dignidade humana. Esse processo associativo deve ser objeto de atenção cuidadosa do dirigente, sempre no sentido de apoiá-lo, como também de considerá-lo no modo de governar, pois somente administradores com sensibilidade e experiência humana (onde a Dignidade Humana seja um valor) serão capazes de criar iniciativas que fundamentem a construção de novas formas de convivência social.[336]

Ensina Leal que a história brasileira demonstra que, da metade da década de 60 até ocorrer a abertura democrática, a noção, como também a prática, das políticas públicas no contexto de prioridades governamentais acabou por se caracterizar pela implementação de um novo referencial, ou seja, um novo paradigma, qual seja, o da eficiência. Nesse sentido, os interesses econômicos acabaram por prevalecer sobre os interesses sociais, principalmente porque baseados em conceitos e perspectivas trazidas pelo mercado.[337] Como conseqüência desse referencial (de mercado), as políticas públicas governamentais nas áreas de bem-estar coletivo, quais sejam, saúde

[336] SILVA, Jair Militão da. A consideração da Dignidade Humana como critério de formulação de políticas públicas. In: MARCÍLIO, M.L.; PUSSOLI, L. (Org.). *Cultura dos Direitos Humanos*. LTr, 1998, p. 198.

[337] LEAL, Rogério Gesta. Possíveis dimensões jurídico-políticas locais dos direitos civis de participação social no âmbito da gestão dos interesses públicos. In: ——. *Administração Pública e Participação Social na América Latina*. Santa Cruz do Sul: EDUNISC, 2005, p. 391.

pública, educação, saneamento, habitação e até nutrição, acabaram tendo pequeno destaque na agenda governamental, principalmente quanto à política habitacional e previdenciária decorrente do referido período.[338]

Ressalta Leal, porém, que não ocorreu uma alteração significativa no perfil de desigualdade social dominante, o que, junto com o achatamento salarial e com o desemprego, acabou resultando num crescente agravamento das condições precárias de vida da população. Ressalta tal autor, ainda, que, tradicionalmente, no país, a formulação de políticas públicas nunca foi resultado de um processo de negociação e compromisso com diferentes setores sociais e forças políticas.[339]

Inobstante, é determinação constitucional a atuação do Estado, pois:

> No que concerne aos assim denominados direitos originários a prestações, estes podem ser definidos como os direitos dos cidadãos ao fornecimento de prestações estatais, independentemente da existência de um sistema prévio de oferta destes bens e/ou serviços por parte do Estado, em outras palavras, de direitos que podem ser deduzidos diretamente das normas constitucionais que os consagram. No âmbito da doutrina luso-brasileira, cumpre referir a formulação de Gomes Canotilho, para quem pode afirmar-se a existência de direitos originários a prestações quando, "(1) a partir da garantia constitucional de certos direitos (2) se reconhece, simultaneamente, o dever do Estado na criação dos pressupostos materiais indispensáveis ao exercício afectivo desses direitos; (3) e a faculdade de o cidadão exigir, de forma imediata, as prestações constitutivas desses direitos".[340]

Atualmente, defende-se que o direito do idoso é considerado como direito social, ligado e baseado na Dignidade da Pessoa Humana, sendo esse o princípio que deve nortear as políticas públicas a serem propostas e implementadas a serviço dos idosos.

Cláudio Ari Mello esclarece que:

> O dever de prover serviços e políticas públicas que garantam direitos sociais é apenas imediatamente do Estado. O devedor mediato é sempre a comunidade. A justificativa moral desse dever é o princípio da solidariedade comunitária, hoje um princípio do sistema constitucional brasileiro (art. 3º, I, da Constituição Federal). Porém, é preciso definir, por exemplo, qual a medida de comprometimento da comunidade em relação à totalidade dos interesses dos seus membros. A tendência é de rejeitar o maximalismo moral e adotar uma concepção minimalista para o dever da solidariedade comunitária. Com isso, admite-se que os direitos sociais devem assegurar apenas o "mínimo existencial" para garantir a dignidade da pessoa humana.

---

338 LEAL, op. cit., p. 391.

339 Ibidem, p. 391.

340 SARLET, op. cit., 2004, p. 204.

Mas a expressão "mínimo existencial" não é auto-explicativa. É preciso saber se, para determinar o seu significado, bastará recorrer ao sistema de princípios, regras e valores positivados no sistema jurídico nacional, ou se serão necessários critérios independentes de moralidade crítica, através dos quais se possam definir quais são os direitos sociais justificáveis e quais são os níveis de proteção imprescindíveis para assegurar a dignidade humana e a justiça política da comunidade.[341]

Não temos tal cultura política, conforme abordado por Leal, pois, no Estado em que vivemos, o que disciplina os interesses são as leis do "mercado". Por isso, mais do que nunca, com base nos direitos humanos, fundamentais e principalmente da Dignidade da Pessoa Humana, é necessária a mudança desse paradigma.[342]

Inegável que a Constituição Federal de 1988 traz uma enorme preocupação social, principalmente pelo fato de ter ela um capítulo que é dedicado aos direitos sociais. Como já verificado anteriormente, o Brasil assumiu-se como um Estado Democrático de Direito, devendo, então, atuar em prol da Dignidade da Pessoa Humana. Assim, a Constituição passa a ter também funções de assistência e integração social, para cumprir exigências de justiça e dos direitos sociais declarados na Constituição Federal. Haverá, então, uma interdependência muito grande entre a atuação administrativa e necessidades da população idosa.[343]

Assim, no caso das pessoas idosas, quando se fala em dignidade, fala-se em medidas simples e de fácil implementação pelo administrador público. O atendimento prioritário e adequado, como o correto fornecimento de medicamentos, por exemplo, é uma das formas de garantir a dignidade do idoso.

E o Princípio da Dignidade Humana é um princípio absoluto, sendo oponível contra toda a forma de subjugação e de degradação, e, igualmente, impõe que haja prestações materiais efetivas por parte do Estado.[344]

Portanto, não pode o Estado deixar de atuar na busca da proteção da Dignidade Humana do idoso.

O objetivo principal da Constituição Federal de 1988 é o de promover o bem-estar do homem, em que o ponto de partida está em assegurar as condições de sua própria dignidade, o que inclui, dentre outras coisas, a proteção dos direitos individuais e as condições

---

[341] MELLO, Cláudio Ari. Os direitos fundamentais sociais e o conceito de direito subjetivo. In: *Os desafios dos Direitos Sociais*. Revista do Ministério Público do Rio Grande do Sul. – 56. Porto Alegre: Livraria do Advogado. 2005, p. 134.

[342] LEAL, op. cit., p. 392.

[343] RULLI NETO, op. cit., p. 49-50.

[344] MAURER, op. cit., p. 87.

materiais mínimas de existência. Quando são apurados os elementos essenciais e fundamentais para essa dignidade, o mínimo existencial, restam estabelecidos quais serão os alvos prioritários dos gastos públicos.[345]

Em resumo:

> A limitação de recursos existe e é uma contingência que não se pode ignorar. O intérprete deverá levá-la em conta ao afirmar que algum bem pode ser exigido judicialmente, assim como o magistrado, ao determinar seu fornecimento pelo Estado. Por outro lado, não se pode esquecer que a finalidade do Estado ao obter recursos, para em seguida gastá-los sob a forma de obras, prestação de serviços ou qualquer outra política pública, é exatamente realizar os objetivos fundamentais da Constituição. A meta central das Constituições modernas, e da Carta de 1988 em particular, pode ser resumida, como já exposto, na promoção do bem-estar do homem, cujo ponto de partida está em assegurar as condições de sua própria dignidade, que inclui, além da proteção dos direitos individuais, condições materiais mínimas de existência. Ao apurar os elementos fundamentais dessa dignidade (o mínimo existencial) estar-se-ão estabelecendo exatamente os alvos prioritários dos gastos públicos. Apenas depois de atingi-los é que se poderá discutir, relativamente aos recursos remanescentes, em que projetos se deverá investir. O mínimo existencial, como se vê, associado ao estabelecimento de prioridades orçamentárias, é capaz de conviver produtivamente com a reserva do possível.[346]

Todavia, até hoje todas as crises financeiras passadas pelo Estado foram superadas, tendo o homem sempre conseguido superar os seus próprios limites. E até hoje, nenhuma teoria econômica mostrou, em termos claros e objetivos, qual é o limite econômico de um Estado interventor.[347]

Nesse sentido,

---

[345] MAURER, op. cit., p. 246.

[346] BARCELLOS, op. cit., p. 245-246.

[347] ROSANVALLON, Pierre. *A crise do Estado-Providência.* Tradução de Joel Pimentel de Ulhôa. Goiânia: Editora da UFG; Brasília: Editora da UnB, 1997, explica a questão, afirmando que: "Em todos os casos, as soluções financeiras teóricas existem. Mas elas acarretam conseqüências que são de ordem social e política porque em cada um dos casos aventados implicam a modificação do equilíbrio social existente entre os indivíduos, as categorias sociais e os agentes econômicos. É neste sentido que se pode dizer que não há verdadeira crise do financiamento do Estado-providência. O que a expressão "impasse financeiro" designa é de fato o problema do grau de socialização tolerável de um certo número de bens e de serviços" (p. 15). E completa: "É por isso que não pode fixar *a priori* limites intransponíveis para o Estado-providência que se deduziriam de uma análise estritamente econômica e financeira. Wagner, o grande teórico alemão do Estado social, no fim do século XIX, pensava, muito justamente, que os apertos e as dificuldades financeiras terminam sempre por ser resolver desde que sejam apenas conseqüências de um "movimento de civilização". Isto equivale a dizer que, se há limites, estes só podem ser societais ou culturais" (p. 17).

O fato é que o Poder Público normalmente não consegue demonstrar a impossibilidade material quando respeitadas as prioridades estabelecidas pela própria Constituição [...].[348]

É dever dos Governos Federal, Estadual, Distrital e Municipal dar assistência ao idoso, levando em consideração as condições de vida, as necessidades individuais e coletivas, os locais de moradia e suas peculiaridades. Observa-se que a Organização das Nações Unidas declarou o ano de 1999 como o Ano Internacional do Idoso, passando a estimular a aceitação pelos governos de alguns princípios que devem reger a política do idoso, quais sejam: participação, independência, auto-realização, e, finalmente, a dignidade.[349]

Aliás, o inciso III do artigo 3° do Estatuto do Idoso estabelece que os recursos públicos deverão conter percentual que seja preestabelecido para atender aos idosos. Tais disposições possuem como objetivo principal o de garantir a dignidade dos idosos. "III – destinação privilegiada de recursos públicos nas áreas relacionadas com a proteção do idoso".[350]

Observa-se que o Estatuto do Idoso, em seu artigo. 4°, estabelece que nenhum idoso será objeto de qualquer tipo de negligência, discriminação, violência, crueldade ou opressão, e que qualquer dessas violações deve ser punidas na forma da lei.[351]

---

[348] JESUS, op. cit., p. 68.

[349] RULLI NETO, op. cit., p. 32.

[350] Ibidem, p. 16-17.

[351] MORENO, op. cit., p. 185-187, apresenta sugestões para que haja maior valorização do idoso na sociedade: 1) amparar a formulação e a implementação da Política Nacional do Idoso e do Estatuto do Idoso; 2) formular uma Política Estadual do Idoso, em conformidade com a Política Nacional, para garantir aos cidadãos, com mais de 60 anos, as condições necessárias para o pleno exercício dos direitos de cidadania; 3) apoiar a criação e o fortalecimento de conselhos municipais e associações de defesa dos direitos do idoso; 4) desenvolver e apoiar programas de escolarização, com atividades laborativas para pessoas idosas, de eliminação da discriminação nos locais de trabalho e de inserção dessas pessoas no mercado de trabalho; 5) defender programas de preparo das pessoas idosas para a aposentadoria; 6) garantir atendimento prioritário às pessoas idosas em todas as repartições públicas; 7) apoiar programas de capacitação de profissionais que trabalham com os idosos; 8) dar respaldo a programas de orientação de servidores públicos civis e militares no atendimento aos idosos; 9) facilitar o acesso das pessoas idosas a cinemas, teatros, e a outros espaços de lazer público; 10) conceder passe livre e precedência de acesso aos idosos em todos os sistemas de transporte público urbano e interurbano; 11) incentivar a modificação dos degraus dos ônibus para facilitar o acesso das pessoas idosas e colocação de barras nos ônibus para melhor equilíbrio; 12) apoiar programas de assistência aos idosos visando a sua integração à família e à sociedade e incentivando o atendimento em próprio ambiente; 13) favorecer a criação e o funcionamento de centros de convivência para pessoas idosas; 14) estudar formas de garantir moradia aos idosos desabrigados, ou que moram de forma precária e não têm condições de pagar aluguel, e quem sabe, em uma futura reforma do texto constitucional, incluir no artigo 6° a moradia e a informação, esta permitindo que os idosos possam receber os benefícios de ações governamentais, que deverão ser rigorosamente examinados; 15) garantir o atendimento preferencial ao idoso no sistema público de saúde (redução do número de leitos pediátricos nos hospitais e o aumento

Também prevê o referido Estatuto, em seu artigo 7º, que os Conselhos Nacional, Estaduais e Municipais do Idoso, que estão previstos na Lei nº 8.842/94, deverão zelar pelo cumprimento dos direitos definidos no Estatuto.

Ao Conselho Municipal, em especial, que deverá ser criado em cada Município, foi dada a tarefa de supervisionar ou avaliar o desempenho dos Poderes Locais, compreendendo medidas que correspondam à efetiva realização da política de atendimento traçada pela Política Nacional do Idoso.[352]

Direito ao respeito, conforme § 2º do referido artigo 10, consiste na inviolabilidade da integridade física, psíquica e moral do idoso. Abrange a preservação da imagem, da identidade, da autonomia, de valores, idéias e crenças, dos espaços e dos objetos pessoais.

O § 3º do artigo 10 do Estatuto estabelece que é dever de todos zelar pela dignidade do idoso, colocando-o a salvo de qualquer tratamento que seja desumano, violento, aterrorizante, vexatório ou constrangedor.

O próprio Estatuto também estabelece, diante de casos reais de violência doméstica e familiar, a aplicação das chamadas Medidas de Proteção (artigos 43 a 45) sempre que os direitos que estão reconhecidos no Estatuto, dentre eles a dignidade e o respeito, forem ameaçados ou violados. Tais medidas poderão ser aplicadas, isolada ou cumulativamente, levando em conta sempre os fins sociais a que se destinam, especialmente, o de fortalecer os vínculos familiares e comunitários.

Sempre que verificada qualquer situação que demonstre perigo para a integridade física do idoso, o Poder Judiciário poderá, a re-

---

dos destinados à geriatria); 16) assegurar a assistência preferencial médica e odontológica e o fornecimento de remédios aos idosos carentes e internados em residências para idosos; 17) pugnar pela humanização dos asilos, inclusive promovendo visitas regulares do Conselho Estadual do Idoso às residências para idosos, para verificar as condições de funcionamento; 18) apoiar a criação da Curadoria do Idoso, no âmbito do Ministério Público; 19) defender programas de estudo e pesquisa sobre a situação dos idosos com vistas ao mapeamento da situação dos idosos no Estado; 20) estimular a criação de cooperativas, microempresas e outras formas de geração de rendas para o idoso; 21) incitar a criação de núcleos de atendimento-dia à terceira idade, com atividades físicas, laborativas, recreativas e associativas; 22) criar e incentivar programas de lazer e turismo para a população idosa; 23) apoiar a "Universidade da Terceira Idade"; 24) criar programas especiais de aluguel social para idosos de baixa renda; 25) aumentar a divulgação da problemática na mídia; 26) ampliar o campo de atuação de profissionais especializados no campo da geriatria e da gerontologia para que dêem maior assistência em postos de saúde e em casas asilares; 27) veicular uma cartilha contendo todos os direitos básicos do idoso; 28) construir calçadas adequadas para os idosos; e 29) modificar o funcionamento de semáforos, com um espaço maior entre as mudanças, para permitir a travessia de pedestres.

352 JESUS, op. cit., p. 33.

querimento do Ministério Público (que poderá tomar conhecimento de tais fatos por meio de qualquer pessoa), determinar, dentre outras medidas previstas no artigo 45 do Estatuto, a inclusão em programa oficial ou comunitário de auxílio, orientação e tratamento a usuários dependentes de drogas ilícitas. Neste caso, refere-se ao próprio idoso, como também a pessoas de sua convivência.

Sabe-se que em boa parte das vezes a violência doméstica e familiar contra o idoso está relacionada, também, ao uso de substâncias entorpecentes pelos filhos, netos, ou enteados dos idosos. Nada mais feliz, por parte do Estatuto, a previsão, como medida específica de proteção, que o Judiciário determine que tais pessoas passem por tratamento, que sejam tratadas e monitoradas, como forma de evitar a violência doméstica e familiar, tratamento este que deverá ser oportunizado através de políticas públicas municipais.

Observa-se, ainda, que, quanto à violência, caracterizada pela negligência nas instituições asilares, através de descaso com a higiene e outros cuidados, caracterizando-as como impróprias para a moradia e o cuidado do idoso, foi muito importante a previsão do Estatuto de que tais entidades sejam fiscalizadas, interditadas, até mesmo com a suspensão do repasse de verbas públicas e o afastamento de seus dirigentes, conforme a previsão dos artigos 52 a 68 do Estatuto.

4.4. O Município na concretização do Princípio da Dignidade da Pessoa Humana

E o Município, como ente federado que é, também recebe a incumbência de trabalhar na proteção do idoso, garantindo-lhe a Dignidade da Pessoa Humana, através da implementação de políticas públicas, entre as quais podem ser citadas:[353]

> 1) incentivo à criação e ao fortalecimento de conselhos municipais e associações de defesa dos direitos do idoso;
>
> 2) desenvolvimento de programas de escolarização e atividades laborativas, especificamente voltadas para as pessoas idosas, com a busca de eliminação da discriminação nos locais de trabalho e de inserção plena dessas pessoas no mercado de trabalho;
>
> 3) apoio a programas de preparo e orientação das pessoas idosas para a aposentadoria; facilitação ao acesso de pessoas idosas à cultura, incentivando a visitação de cinemas, teatros ou outros espaços de lazer público, oferecendo vantagens fiscais

[353] Tais apontamentos foram retirados e adaptados das citações de BRAGA, op. cit., p. 120-122.

para parcerias de entidades privadas que queiram contribuir como "empresas amigas dos idosos";

4) apoio de programas de assistência aos idosos, visando à sua integração à família e à sociedade, incentivando o atendimento médico domiciliar;

5) criação e manutenção de centros de convivência para as pessoas idosas;

6) estudo de formas de garantir moradia, ainda que coletiva, aos idosos desabrigados ou que moram de forma precária, por não ter em condições de pagar aluguel;

7) campanha de conscientização sobre as necessidades de humanização das instituições asilares, inclusive promovendo visitas regulares dos Conselhos Municipais do Idoso às residências para idosos, verificando as condições de funcionamento, com severas punições quando encontradas situações de desrespeito ao tratamento digno que o idoso merece;

8) apoio a programas de estudo e pesquisa sobre a situação do idoso em todo o país ou no Estado-membro, com vistas ao mapeamento da situação dos mesmos;

9) fomento à criação de cooperativas, de microempresas e de outras formas de geração de rendas para o idoso, nas quais poderá ser aproveitada a experiência que os idosos possuem;

10) incentivo de criação de núcleos de atendimento à terceira idade, com atividades físicas, laborativas, recreativas e associativas;

11) criação de programas de lazer e turismo subsidiados para a população idosa, apoio às "Universidades Abertas da Terceira Idade", criação de programas especiais de aluguel social para idosos de baixa renda, garantia de atendimento prioritário às pessoas idosas em todas as repartições públicas, concedendo-se incentivos para que o mesmo ocorra nas empresas privadas, implementação de programas de capacitação dos profissionais que lidam com os idosos;

12) apoio a programas de orientação de servidores públicos, civis e militares, habilitando-os a um adequado atendimento aos idosos.

Dentre essas, outras possibilidades podem coexistir, como, por exemplo, a realização de convênios com Instituições de Ensino Superior, a fim de possibilitar programas de extensão ao idoso, ensino superior e, até mesmo, a estrutura universitária. Efetuar, ainda, convênios com Hospitais e outros estabelecimentos do gênero, a fim de propiciar maior atendimento médico ao idoso, inclusive em seu próprio domicílio. Fiscalizar efetivamente os asilos e efetuar convênios com outros órgãos de atuação na proteção do idoso, como Poder Judiciário, Ministério Público e Defensoria Pública, no sentido de atuação conjunta no combate à violência contra o idoso. Criar casas de passagem para o idoso em situação de risco e programas municipais de auxílio ao idoso e aos seus familiares, fornecendo equipe técnica de acompanhamento social, psicológico e médico.

É o que o Estatuto chama de prioridades urbanas, como atendimento preferencial ou prioritário aos idosos em estabelecimentos comerciais e de serviços, principalmente em instituições bancárias, garantindo ao idoso tratamento diferenciado, seja através de atendimento preferencial, passando-o a frente nas filas, seja mediante a criação de guichês específicos, postura que pode ser determinada por legislação municipal.[354]

É importante, ainda, o atendimento urgente e diferenciado nos hospitais ou prontos-socorros, públicos ou privados, em face das condições de risco do idoso, o que também pode ser feito por legislação municipal.[355]

Outra possibilidade necessária e possível é o incentivo a programas culturais e de lazer, através de legislação municipal, dispondo sobre concessão de desconto para idosos em cinemas, teatros, museus, casas de espetáculo e parques de diversão.

Importante também é a intervenção do Município no transporte público, consoante estabelece o artigo 230, § 2°, da Constituição Federal de 1988, que determina que aos maiores de 65 anos é garantida a gratuidade dos transportes coletivos urbanos, inclusive regulamentando, por lei, a reserva de assentos nos veículos de transporte coletivo, já que tal medida é necessária, pois a população brasileira, como se viu, não possui muito respeito pelo idoso.[356]

O Município também deve fomentar o esporte junto ao idoso, criando leis que determinem a isenção ou o desconto no ingresso aos eventos esportivos e similares.

Na realidade, ao Município não basta apenas criar leis, mas, antes de mais nada, deve possuir equipe uma especial e própria para fiscalizar o cumprimento das determinações legais, os asilos, e, se for necessário, criando incentivos fiscais para o setor privado, a fim de que as medidas sejam, de fato, cumpridas.

O Conselho Municipal dos Idosos, portanto, é uma instituição que todo o Município deve possuir, inclusive na fiscalização proposta de políticas públicas e na conscientização da população.[357]

---

[354] Tais apontamentos foram retirados e adaptados das citações de BRAGA, op. cit., p. 126-127.

[355] Ibidem, p. 127-128.

[356] Ibidem, p. 131.

[357] Como exemplo de Conselho Municipal, dentre outros, menciona RULLI NETO, op. cit., p. 136-137, o Conselho Municipal do Idoso de Belo Horizonte, criado pela Lei Municipal n° 6.713, de 28 de maio de 1992, sendo suas funções: a) zelar pela efetiva participação popular, por meio de organizações representativas, nos planos e programas de atendimento ao idoso; b) fazer proposições, objetivando aperfeiçoar a legislação municipal referente à política de atendimento ao idoso; c) promover campanhas de formação da opinião pública em relação aos direitos assegurados ao idoso; d) avaliar e fiscalizar, por meio de acompanhamento, o repasse e a aplicação dos recursos aos programas de atendimento ao idoso, oriundos de qualquer nível governamental ou entidade; e) sugerir o local para a instalação de centros de lazer e de amparo ao idoso, no Município; f) promover a criação de cursos de alfabetização e oficinas de cultura destinados ao idoso; g) promover o atendimento médico diferenciado e preferencial

O Município, pois, deve ser chamado a atuar em prol do idoso, de maneira forte e objetiva.[358]

Incentivar o idoso, dando-lhe condições de participar da vida em sociedade, é tarefa das mais importantes para o Município, que, assim, auxilia o idoso a superar o preconceito que o idoso sofre em sociedade, superando o paradigma social de violência e desprezo. É fomentar a auto-estima do idoso, criando condições para que ele e a sociedade consigam criar uma nova realidade de aceitação, reconhecimento e proteção, pois

> A ética, que foi negada aos idosos dos séculos passados, deve nortear o relacionamento entre a sociedade e os idosos deste início de século. Garantir os direitos dos que estão envelhecendo é uma obrigação que devemos passar para as gerações futuras. Já adiamos o reconhecimento da cidadania do idoso por muito tempo e se não pudermos redimir os erros cometidos no passado, ao menos poderemos impedir que eles continuem a acontecer.[359]

Embora o Município não possa reprimir os crimes cometidos contra o idoso, cabe-lhe a tarefa de ajudar na prevenção de tal criminalidade, sendo parte importante nessa tarefa.

Especificamente quanto à violência doméstica e familiar, o Município poderá estabelecer programas de tratamento ao idoso e aos agressores, bem como realizar programas de conscientização e informação. Além disso, poderá criar casas de passagem, conveniando com órgãos estatais como Ministério Público e Defensoria Pública na defesa dos idosos. O Conselho Municipal, aliás, é uma instituição apta a trabalhar contra a violência doméstica e familiar, dando apoio ao idoso e recursos para que tal situação seja reprimida.

Observa-se, ainda, que, quanto à violência, caracterizada pela negligência nas instituições asilares, através do descaso com a higiene e outros cuidados, caracterizando-as como impróprias para a moradia e o cuidado do idoso, foi muito importante a previsão

---

ao idoso; h) propor às instituições de ensino profissional e superior a criação de comissões de integração, mediante contrato, convênio ou instrumento afim, com o objetivo de sugerir prioridades, métodos e estratégias para a formação e educação continuada dos recursos humanos necessários ao amparo e atendimento ao idoso; i) promover a realização de seminários, simpósios e conferências para a discussão e solução dos problemas que afetam o idoso; j) elaborar e aprovar o regimento interno; k) examinar outros assuntos relativos a sua área de competência. Tal Conselho é presidido pelo Secretário Municipal de Ação Social e composto de 18 membros, com mandato de 2 anos, sendo que a cada membro efetivo corresponde um suplente. As funções dos membros do Conselho não são remuneradas, sendo seu exercício considerado relevante serviço prestado à comunidade.

[358] O Município, através da Secretaria Municipal de Saúde, pode e deve efetuar fiscalizações rotineiras em asilos ou em outros estabelecimentos direcionados ao idoso, agindo, assim, como poder de polícia.

[359] BRAGA, op. cit., p. 247.

do Estatuto de que tais entidades sejam fiscalizadas, interditadas, até mesmo com a suspensão do repasse de verbas públicas e com o afastamento de seus dirigentes.

Sentindo-se protegido e valorizado, o idoso elevará sua autoestima, enfrentando as dificuldades da vida de maneira mais fácil, criando condições para que ele e a sociedade consigam criar uma nova realidade, de aceitação, de reconhecimento e de proteção.

Portanto, essa é a tarefa da sociedade e do Estado, na proteção dos direitos do idoso, garantindo-lhes a dignidade.

4.5. O Estatuto do Idoso e a importância da família e do afeto: contra o asilamento e o abandono do idoso

Como visto anteriormente, a violência doméstica é a que mais atinge o Idoso, sendo o asilamento, ao lado da violência doméstica, uma das agressões que mais afetam o Idoso.

O Estatuto do Idoso, numa visão Humanista, procura incentivar as relações familiares, a fim de proteger o Idoso contra a violência doméstica e, também, contra o asilamento, consoante o seu artigo 3º, inciso V, que refere: "priorização do atendimento do idoso por sua própria família, em detrimento do atendimento asilar...".

Assim, é importante uma rápida análise sobre tal questão, colocada como essencial pelo Estatuto do Idoso.

Ora, quando comparamos a adolescência e a velhice, podemos afirmar que o que diferencia essas duas fases é o sentimento do indivíduo: o adolescente vive expectativas (no geral elevadas) em relação à sua etapa de transição, enquanto o idoso, em regra, sente-se como um indivíduo diminuído, com perdas e com falta de perspectivas.

Isso ocorre, como foi dito, em razão da cultura de cada sociedade, que privilegia muito mais o jovem que o idoso. Assim, a sociedade é que poderia ser considerada responsável por essa diferenciação existente entre tais fases da vida, na medida em que impõe a desvalorização do homem pelo envelhecimento.

A família é uma criação do ser humano que dá uma resposta ao desejo de ter um grupo de pessoas que atuem sobre interesses comuns e com um desenvolvimento afetivo, em que os afetos sejam recíprocos, para obter soluções para os problemas do ciclo vital.

Também é considerada "a célula da sociedade", o elemento básico. Não como lugar, mas sim como relação. Não basta a mera vivência, mas especialmente a manutenção de uma relação familiar profunda, de plena reciprocidade entre os sexos e entre as gerações. Os pequenos ou grandes conflitos são importantes para o desenvolvimento do ser humano porque o ensinam a conviver ou a intercambiar com os outros:

> A *família*, por ser o *lócus* onde se inicia o desenvolvimento da personalidade, a construção dos valores e da identidade, é onde se originam as primeiras manifestações da sociabilidade humana, também tem o pilar fundamental, no qual o indivíduo pode buscar e encontrar o apoio.[360]

A principal característica da família é a de que é um espaço primário, onde tudo possui origem. É instituição decisiva para a construção e identificação dos sujeitos. Constituída de vários membros, que sempre ocupam e desempenham diferentes papéis, entre estas pessoas se estabelecem relações recíprocas de direitos e deveres: de pais para filhos, como também de filhos para os pais.

Ensina Arendt que:

> Historicamente, é muito provável que o surgimento da cidade-estado e da esfera pública tenha ocorrido às custas da esfera privada da família e do lar. Contudo, a antiga santidade do lar, embora muito mais pronunciada na Grécia clássica que na Roma antiga, jamais foi inteiramente esquecida.[361]

E continua ela, quando se refere à família:

> O que distinguia a esfera familiar era que nela os homens viviam juntos por serem a isso compelidos por suas necessidades e carências. A força compulsiva era a própria vida – os penates, os deuses do lar, eram, segundo Plutarco, <<os deuses que nos fazem viver e alimentar o nosso corpo>>; e a vida, para sua manutenção individual e sobrevivência como vida da espécie, requer a companhia dos outros.[362]

Por isso, a responsabilidade da família em oferecer atenção e cuidado aos idosos está enunciada na própria Constituição brasileira, em seu artigo 229, que estabelece: "Os pais têm o dever de assistir, criar e educar os filhos menores, e os filhos maiores têm o dever de ajudar e amparar os pais na velhice, carência ou enfermidade".

Já o artigo 230 da Constituição Federal também estabelece que "A família, a sociedade e o Estado têm o dever de amparar as pessoas idosas, assegurando sua participação na comunidade, defendendo sua dignidade e bem-estar e garantindo-lhes o direito à vida". Muito importante o que é estabelecido pelo § 1° do referido artigo: "Os programas de amparo aos idosos serão executados preferencialmente em seus lares".

---

[360] CORTELLETTI; CASARA; HERÉDIA, op. cit., p. 66.

[361] ARENDT, op. cit., p. 38-39.

[362] Ibidem, p. 39-40.

Mesmo com o passar dos anos, a interdependência na família se mantém, apesar de, na maioria das vezes, se modificar ou se alternar, como quando os pais cuidam dos filhos e os filhos, então, passam a cuidar dos pais. Tais cuidados possuem características específicas de cada fase da vida.[363]

Diante de nova situação mundial, caracterizada pela situação de baixa natalidade e de baixa mortalidade infantil, e, conseqüentemente, pelo aumento da expectativa de vida e da população idosa, surgem novos desafios, inerentes a esta realidade mundial, com relação aos cuidados com os idosos, ou seja, às responsabilidades do Estado, da sociedade e, principalmente, da família.

A estrutura familiar é fundamental na vida de qualquer pessoa. Aliás, as relações familiares são as que o idoso deveria vivenciar com mais assiduidade e intensidade, não somente para garantir sua permanência, atenção e cuidados, mas também para manter relações pessoais satisfatórias.

O fenômeno do envelhecimento vem merecendo a preocupação de muitos países e de organizações nas últimas décadas:

> Considerando as diferenças socioeconômicas entre os países e com base em um parâmetro cronológico, a ONU estabelece como início da velhice a idade de 60 anos para os países em desenvolvimento e de 65 anos para os desenvolvidos.
>
> Em se tratando de envelhecimento, se compararmos o Brasil com vários desenvolvidos, constatam-se diferenças marcadas principalmente por três aspectos fundamentais: o tempo que a população levou para envelhecer; como se dá o processo de envelhecimento individual; e as condições para viver a velhice.
>
> - a Europa levou cem anos para envelhecer. No Brasil, isso se deu em três décadas, a partir de 1970. Esse acelerado processo dificulta à sociedade, ao Estado, à família e ao próprio indivíduo o preparo e as providências para enfrentar a velhice de forma digna;
> - as fases de vida anteriores à velhice, as condições, o modo de vida, e ainda os fatores internos que determinam o processo individual de envelhecimento são muito distintos entre as pessoas;
> - a situação socioeconômica da maioria da população brasileira que envelhece é precária, não lhe oferecendo meios para atender satisfatoriamente às necessidades básicas para viver a velhice. A sociedade e o Estado também não dispõem dos meios adequados e não estão aptos a promover a preparação do indivíduo para a velhice, a manter a inserção social do idoso e a garantir, por meio de políticas sociais, o mínimo necessário para a sua subsistência.
>
> Devido, portanto, a essa complexidade fisiológica, psicológica e social, é muito difícil compreender a velhice, delinear seu início e mesmo conceituá-la.[364]

---

363 CORTELLETTI; CASARA; HERÉDIA, op. cit., p. 68.

364 Ibidem, p. 16.

Assim, a questão do Idoso torna-se imprescindível, razão pela qual a própria Constituição Federal de 1988 determinou, como já referido, que "os pais têm o dever de assistir, criar e educar os filhos menores, e os filhos maiores têm o dever de ajudar e amparar os pais na velhice, carência ou enfermidade" (art. 229), tendo "a família, a sociedade e o Estado o dever de amparar as pessoas idosas, assegurando sua participação na comunidade, defendendo sua dignidade e bem-estar e garantindo-lhes o direito à vida." (art. 230).

Percebe-se, então, através de tais disposições constitucionais, com reflexo no âmbito das políticas públicas, que ocorre a chamada desinstitucionalização do cuidado do idoso e seu retorno para a esfera doméstica, onde a família é considerada como a cuidadora ideal, embora na maioria das vezes, permaneça sem assistência estatal, tendo que assumir sozinha tal responsabilidade.[365]

Assim, a família possui como função constitucional, dentre outras, oferecer a segurança aos seus integrantes, garantindo seu espaço de inserção, onde é reconhecido, respeitado e aprovado. Essas relações, dentro da família, é que devem ser desenvolvidas e mantidas por todos os seus membros.

Logo, o asilamento do Idoso – vale dizer, sua colocação em instituições públicas ou privadas deve ser considerado como medida de exceção, já que a regra é a sua manutenção no seio familiar:

> [...] asilos são instituições totais, criadas para cuidar de pessoas consideradas incapazes, dependentes, velhas, sem condições de decisão. Ou seja, de pessoas que não possuem autonomia – capacidade para realizar atividades diárias, tomar decisões, tendo liberdade de ação – nem independência – possibilidade de suprir as suas necessidades.[366]

Por isso, somente é aceitável o asilamento em instituições conceituadas, preparadas para melhor compreender o Idoso. A Portaria nº 1.395, de 9 de dezembro de 1999, estabelece que o idoso saudável é aquele que mantém sua autodeterminação e não precisa de qualquer ajuda ou supervisão para realizar-se no seu cotidiano, possuindo capacidade funcional de manter as habilidades físicas e mentais que são necessárias para uma vida independente e autônoma.

A autonomia e a independência são as capacidades que tornam o indivíduo capaz de decidir sobre seus interesses e a se organizar sem nenhuma necessidade de ajuda. A autonomia é o exercício da autodeterminação, sendo o indivíduo autônomo aquele que mantém o poder decisório e o controle de sua vida:

---

365 SANTOS, op. cit., p. 27.

366 CORTELLETTI; CASARA; HERÉDIA, p. 18.

As instituições asilares desempenham as funções de guarda, proteção e alimentação, abrigando idosos que tenham as características apontadas anteriormente, rejeitados pelos seus grupos diretos à medida que sua presença torna-se incômoda, difícil e insustentável, ficando sua participação familiar e social limitada ou até impossibilitada.[367]

E exemplificando para uma melhor compreensão, os asilos, considerados como instituições que abrigam os idosos em tempo integral e em caráter permanente, assim, podem ser finalmente conceituados:

Essas instituições caracterizam-se, de um lado, como uma comunidade que reside sob o mesmo teto e utiliza os mesmos espaços físicos e, por outro lado, como uma organização formal, estruturada funcionalmente, com hierarquias definidas pela divisão de trabalho interno. Mesmo apresentando diferentes denominações, possuem, em comum, a função de propiciar o atendimento por meio de hospedagem permanente, assistência à saúde de forma direta ou indireta e algumas atividades de ocupação e lazer.[368]

O idoso asilado, também chamado de institucionalizado, vive em espaço fechado, realizando as mesmas atividades e com o mesmo grupo de pessoas, no mesmo horário, sempre atendendo às mesmas exigências institucionais e não suas exigências pessoais. Vive restrição de outras vivências externas.

Nesse espaço de asilamento, o atendimento não é individualizado, e o idoso asilado depende das condições existentes e estas determinam as formas de relação social que serão estabelecidas entre a estrutura organizacional e o idoso, assim como ocorrerá a relação deste com os demais idosos.[369]

Assim:

O processo de internação numa instituição asilar representa muito mais do que simplesmente mudança de um ambiente físico para outro. Representa para o idoso a necessidade de estabelecer relações com todos os aspectos de seu novo ambiente, ajustar-se ao novo lar mais do que o *lar* a ele, considerar-se abandonado, ansioso e com medo da idéia de passar os últimos anos de vida num lugar estranho, em meio de desconhecidos. [370]

Claro que a mudança do idoso para um asilo, para assim ser um idoso institucionalizado gera muitas mudanças em sua vida, não só na questão pessoal, de outro ambiente, com outras pessoas, na maioria até estranhos, com novos hábitos e horários, mas principalmente, ressalta-se a questão emocional e psicológica:

---

[367] CORTELLETTI; CASARA; HERÉDIA, op. cit., p. 18.

[368] Ibidem, p. 18.

[369] Ibidem, p. 19.

[370] Ibidem, p. 19.

Não se pode esquecer que o idoso, ao chegar na instituição para ser integrado, traz consigo uma bagagem cultural, sustentada nas relações estabelecidas até aquele momento com a família e o meio social circundante. A bagagem trazida é a sua história de vida, da qual é obrigado a abrir mão no momento da institucionalização, em detrimento à sua inserção na nova condição de vida. A troca de meio provoca a passagem de um mundo amplo e público para um mundo restrito e privado, fazendo com que os idosos se recolham a um estado de mutismo, perdendo sua vez ao diálogo, ficando relegados a "suave violência do silêncio".[371]

Dessa forma, o Idoso acaba sendo segregado, condenado a uma vida isolada, silenciosa e introspectiva. Dessa forma, os diálogos acabam, ou são cada vez mais raros, e suas ligações com a família ficam cada vez mais estritas e fragilizadas, o mesmo ocorrendo com sua comunidade. O resultado de todo esse distanciamento, geralmente, é traumático.

Assim, o asilamento para o Idoso acaba sendo sinônimo de perda de seus laços diretos com seu contexto histórico, com suas referências pessoais e, principalmente, com suas relações familiares. Tal perda faz com que o idoso sinta a saída do lar como a quebra das relações com os seus familiares mais próximos, com suas experiências vividas e com seus papéis. Ocorrem mudanças progressivas nas crenças que tem a seu respeito, como também a respeito dos outros que lhe são significativos.

Todas estas perdas influenciam diretamente no acreditar em si próprio e nas condições que ainda tem de enfrentar para se sentir e se manter vivo. Elas se confirmam no momento que o idoso é admitido na instituição, deixando para trás os papéis que até então desempenhava, pela razão de não ter mais perspectivas de reassumi-los e por perceber não estar mais personalizado, mas, sim, desde o momento que está institucionalizado, em diante, torna-se somente mais um entre os membros de um grupo coletivo.

A partir de então, deixa de ser reconhecido como sempre foi, para então ser somente mais um "vovô do asilo tal", perdendo sua identidade que nada mais é que um processo de construção histórico de sua vida e cidadania, sua trajetória de vida, a partir de sua inserção num grupo social:

> Essa perda, que não é apenas civil, o enfraquece e o faz perceber que foi excluído dos laços que o vinculam à família, ao trabalho, aos amigos, à cultura, e por meio dos quais estabelecia sua relação de estar no mundo, com o mundo e pólo mundo. O idoso é um ser que foi despedido do mundo produtivo. Isso supõe uma perda de ações, que se assemelha à perda de entes queridos. Normalmente, o fim da etapa de trabalho supõe a perda, muitas vezes traumática, dos contatos pessoais com

[371] CORTELLETTI; CASARA; HERÉDIA, op. cit., p. 19-20.

os companheiros, do status e do prestígio. Essa morte civil afeta a auto-imagem e a auto-estima, despojando-o de seu atributo primeiro, que é o de ser ele mesmo, descaracterizando o seu modo de ser, agir e de pensar, tirando sua consciência de pertencer a determinado grupo social, anulando a possibilidade de manter e estabelecer relações a que essa pertença implica.[372]

As representações e os sentimentos que o idoso sempre possuiu a respeito de si próprio, conjunto de suas experiências de vida, acabam sendo abandonadas, ficando sua identidade pessoal descaracterizada. Com este rompimento, ao idoso institucionalizado fica difícil restabelecer suas relações anteriores, destruindo sua identidade e sendo obrigado a ajustar-se às circunstâncias que lhe são apresentadas.

Diante de toda essa mudança, os laços afetivos também sofrem traumática ruptura, pois estará dentro de um grupo de pessoas que é outro e diferente do anterior no qual vivia, também passará a viver num espaço físico diferente, deverá então enfrentar esta nova realidade e estabelecer novas relações.

Ao mesmo tempo, esse idoso encontra-se fragilizado, devido à perda de papéis e a suas perdas afetivas, que provocam diferentes graus de ansiedade, dependendo de sua história pessoal e de seu suporte afetivo:

O indivíduo idoso, aquele que vive a última etapa do ciclo vital, circunstância que por si só restringe as perspectivas de futuro e de vida, sente ainda mais agravado o seu estado de velhice, por não saber o que fazer de seus dias, por estar sempre entre o aborrecido e o melancólico. Essa situação o leva e um desequilíbrio social, pois suas relações interpessoais ficam comprometidas, com conseqüências psíquicas e biológicas, levando-o, não raras vezes, à dependência e ao alheamento.[373]

Quando o idoso é afastado do meio familiar ocorre o rompimento do equilíbrio das funções de sua família, o que provoca sentimentos como mágoa, tristeza, desamparo, desprezo, desrespeito, solidão e abandono. Quando o idoso é asilado, a questão familiar está sempre presente, seja porque ela não o quer mais ou porque ela inexiste.[374]

O idoso na sua vida social familiar nem sempre consegue desempenhar um papel de relevância. Fatores diversos contribuem para que tal fato ocorra numa freqüência cada vez maior. Só quando investido na condição de mantenedor do grupo familiar, ou seja, quando dele depende o sustento da família, ele ainda consegue obter prerrogativas importantes como indivíduo, como cidadão.

[372] CORTELLETTI; CASARA; HERÉDIA, p. 20-21.

[373] Ibidem, p. 21.

[374] Ibidem, p. 68.

A colocação do idoso em asilo ocorre como conseqüência das situações impostas pela vida, ou, por situações que, de alguma forma, são criadas pela própria pessoa institucionalizada. Como circunstância da vida pode-se citar as situações socioeconômicas e demográficas da família do idoso e, na segunda, o idoso que, no decorrer de sua vida, não criou vínculos que garantissem à sua velhice o amparo e a permanência no meio familiar.[375]

Por mais que exista precária situação socioeconômica dos asilados, pela baixa renda, ou, até, pela falta dela, ficou evidenciado, em pesquisa respectiva, que a falta de condições financeiras não aparece como sendo real motivo para a asilamento do idoso. Pelo fato de não administrarem sua própria renda e estarem isolados do convívio social, os idosos asilados acabam perdendo a noção do valor do dinheiro, não admitindo que a falta dele seja um dos motivos do afastamento do convívio familiar.[376]

Fatores como de não possuir quem cuide deles, estar sozinho, sem lugar para morar, estarem doentes e estarem sem trabalho, podem ser interpretados como abandono, sendo esse o principal motivo para o asilamento:

> Abandono, no caso, é o estado ou a condição de uma pessoa que se encontra vivendo em uma instituição asilar, porque não tem família ou porque foi deixada pela família aos cuidados dessa instituição. Nesse sentido, a pessoa foi esquecida, encontra-se numa situação de abandono que traz consigo um sentimento de desamparo, solidão, exclusão. Esse estado emocional advém não só do fato de a pessoa estar afastada fisicamente da família ou das pessoas de convívio próximo, senão o de estar privada de relacionamentos que gostaria de ter. Os vínculos anteriormente estabelecidos foram interrompidos, privando o idoso das suas relações de afeto, o que leva a experiências de solidão pelos isolamentos social e emocional. A solidão do idoso está muito relacionada às alterações que ocorrem na família. A redução do suporte familiar aos idosos é também decorrente da mobilidade das famílias no que diz respeito ao seu tamanho e ao número crescente de separações.[377]

Dados que confirmam e agravam o sentimento de abandono é o fato de diminuir o número de visitas do companheiro ou da companheira, dos filhos, como também dos netos e dos parentes e amigos, à medida que aumenta o tempo de asilamento. Isso está relacionado às perdas representadas por mortes e pela fragilização dos laços afetivos. As visitas feitas pela comunidade não sofrem variações consideradas significativas com o passar do tempo.[378]

---

[375] CORTELLETTI; CASARA; HERÉDIA, op. cit., p. 37.

[376] Ibidem, p. 38.

[377] Ibidem, p. 39.

[378] Ibidem, p. 39.

O asilamento possui como principal motivo o abandono. Condições precárias encontradas em casas asilares, no que diz respeito à infra-estrutura como aos serviços prestados e aos recursos humanos existentes, dão ênfase a esta situação. O idoso residente é uma pessoa geralmente desmotivada para a vida, sem muitas expectativas e à espera de retorno ao ambiente familiar.[379]

As casas asilares desempenham funções de guarda, proteção, alimentação e atendimento permanentes. Mas, nesse meio, o idoso não é considerado como um sujeito histórico, ou seja, que possui uma história pessoal única, sendo ignorado nas suas diferenças, em seus desejos e expectativas, o que lhe impede de ser agente da promoção de sua autonomia, da integração e da participação sociais.

Muitas vezes, o idoso asilado está na situação de convívio com pessoas não idosas, portadoras de doenças degenerativas, deficientes mentais e até alcoolistas, o que torna o ambiente de uma situação muito desconfortável. Geralmente a desmotivação existente no idoso o leva à inatividade, passando a se ocupar somente com a mobilidade que é necessária para atender a suas necessidades básicas. Sua capacidade de comunicação também diminui muito, deixando-o cada vez mais introspectivo e apático.[380]

A precária situação econômica, evidenciada pelos escassos recursos econômicos para a manutenção dos idosos, acaba fazendo com que eles não possuam mais vontade de ter conforto, suas necessidades atendidas, usufruir da modernidade ou melhorar sua aparência. Essa realidade acaba fazendo com que ele tenha cada vez menos auto-estima e que não consiga mais readquiri-la:

> Talvez por estarem vivendo neste momento a velhice, os depoimentos dessa fase, que é a atual, parecem estar mais carregados de sentimentos e de significados. Claramente ficam expressas as perdas, tanto biológicas como as psicológicas e sociais. A solidão, a desvalorização pessoal e profissional, a dependência e a falta de autonomia são evidências dessas perdas. As falas ainda revelam a consciência da finitude, a presença da esperança e, de forma menos incisiva, a ressignificação de valores. O conformismo diante da situação de asilado revela apatia de aceitar a condição atual sem revides. Embora o desejo seja o de estar em outro lugar – com a família – aparentemente se conforma com o asilamento. O fato traz implícito o contraditório de um querer (determinado) e o não querer simultâneos.[381]

O que se constata é quem além do abandono ser uma das formas silenciosas da violência, e a principal causa do asilamento, constata-se que o relacionamento entre os idosos não é devidamente traba-

[379] CORTELLETTI; CASARA; HERÉDIA, op. cit., p. 56.

[380] Ibidem, p. 56.

[381] Ibidem, p. 76.

lhado e valorizado. Constata-se que a maioria das instituições deixa este encargo para voluntários e não para pessoas que deveriam ser efetivamente preparadas para tal atividade.

O resultado é que são prestados serviços que não são planejados ou planificados, com pouca ou nenhuma participação do idoso na organização das atividades. Algumas entidades apresentam serviço de assessoria e orientação, mas que, na maioria das vezes, se resume a aconselhamento religioso. Atingem interesses e necessidades individuais, mas não constituem uma forma de incentivar relacionamentos entre os idosos.[382]

A sociedade precisa pensar em alternativas para a institucionalização do idoso. Observa-se que muitos dos idosos que estão em asilos poderiam ser mantidos em seu ambiente sociofamiliar, se existissem estrutura como centros-dia, casas-lar, serviços voluntários domiciliares, oficinas abrigadas, dentre outros do tipo de atendimento voltado para seu domicílio, mantendo-o junto com sua família, o que ajudaria, e muito, no aspecto afetivo, que é muito importante.

Arendt explica que:

> E, até certo ponto, isto é verdade. Entregues a si mesmos, os negócios humanos só podem seguir a lei da mortalidade, que é a única lei segura de uma vida limitada entre o nascimento e a morte. O que interfere com essa lei é a faculdade de agir, uma vez que interrompe o curso inexorável e automático da vida cotidiana que, por sua vez, como vimos, interrompe e interfere com o ciclo do processo da vida biológica. Fluindo na direção da morte, a vida do homem arrastaria consigo, inevitavelmente, todas as coisas humanas para a ruína e a destruição, se não fosse a faculdade humana de interrompê-las e iniciar algo novo, faculdade inerente à ação como perene advertência de que os homens, embora devam morrer, não nascem para morrer, mas para começar.[383]

São necessários esforços conjuntos para superar as propostas existentes e investir em alternativas mais complexas de estrutura social: capacitação de voluntários e de profissionais, desenvolvimento de atividades interdisciplinares e multidisciplinares, atendimento em domicílio e trabalho com os familiares dos idosos são alguns dos aspectos que devem ser explorados, que requerem atenção e ações mais efetivas do que aqueles que se ocupam dos programas políticos e sociais voltados para a terceira idade.

Tais questões bem demonstram a preocupação do Estatuto do Idoso com o asilamento e as agressões familiares contra os velhos, assumindo uma postura Humanista e importante para avançar-

[382] CORTELLETTI; CASARA; HERÉDIA, op. cit., p. 102.

[383] ARENDT, op. cit., p. 258.

mos socialmente na proteção e humanização da chamada Terceira Idade.

Necessário, por fim, verificar como o Estatuto do Idoso cuida da questão penal no trato com o Idoso, ou seja, quais são os mecanismos e dispositivos legais trazidos para proteger os idosos contra a violência doméstica, o que se fará no próximo capítulo.

5. *O Estatuto do Idoso e a questão penal – principais aspectos*

5.1. O Estatuto do Idoso no combate à violência doméstica e familiar

Após o estudo da importância do idoso em nossa sociedade, bem como da necessidade de protegê-lo, efetivamente, contra a violência doméstica e familiar, a fim de resguardar seus direitos e sua dignidade, o que se procurou fazer nos capítulos anteriores, é importante, agora, fazer uma análise das principais disposições penais-processuais penais contidas no Estatuto do Idoso, a fim de verificar se são coerentes com os objetivos propostos em tal Lei e se são suficientes para uma correta proteção legal.

Assim, neste capítulo, pretende-se analisar as inovações trazidas pelo referido Estatuto, principalmente quanto aos seus artigos 94 e 95, em seus principais aspectos, e se representam inovações positivas ou retrocesso na questão penal, especificamente no combate à violência cometida contra o idoso.[384]

---

[384] Cabe observar que, a partir da edição da Lei nº 11.340, de 7 de agosto de 2006, a chamada Lei Maria da Penha, os crimes cometidos com violência ou ameaça contra mulheres – idosas ou não –, mas no ambiente doméstico e familiar, passaram a ser regidos por tal ordenamento, afastando, assim, até pelo princípio da especialidade e da lei posterior, o Estatuto do Idoso. Portanto, para tais delitos, envolvendo agressões familiares e domésticas contra a idosa, não se aplicaria, em princípio, as disposições do Estatuto do Idoso, situação esta ainda não consolidada na doutrina e na jurisprudência. E o artigo 41 da Lei nº 11.340/06 veda, de forma expressa, a aplicação dos institutos despenalizadores da Lei nº 9.099/95 aos crimes praticados com violência doméstica e familiar contra as mulheres, independente da pena cominada do delito, o que fatalmente deverá ser aplicado, também, às idosas. Além disso, tal legislação possibilita a prisão preventiva do agressor da mulher, mesmo em crimes de menor significação. Portanto, a chamada Lei Maria da Penha recrudesceu a punição aos agressores da mulher no ambiente doméstico e familiar, com bastante vigor. Salienta-se, apenas, que também há um conflito de interpretações quanto à Lei nº 11.340/06, pois, para alguns, o agressor tipificado pela referida

Destaca-se, para tanto, que a violência cometida contra o idoso, de acordo com as estatísticas oficiais já mencionadas anteriormente, é, de regra, a doméstica, sendo os familiares, principalmente, os filhos, os que cometem todo o tipo de violência contra seus pais, avós ou tios.

5.2. Ampliação ou não do conceito de crime de menor potencial ofensivo e aplicação ou não dos institutos despenalizadores previstos na Lei n° 9.099/95

Logo após a promulgação do Estatuto do Idoso, surgiram vários entendimentos no sentido de se saber se o referido estatuto ampliou ou não o conceito de crimes de menor potencial ofensivo.[385]

O artigo 94 do referido Estatuto determina que: "Aos crimes previstos nesta Lei, cuja pena máxima privativa de liberdade não ultrapasse 4 (quatro anos), aplica-se o procedimento previsto na Lei n° 9.099, de 26 de setembro de 1995, e, subsidiariamente, no que couber, as disposições do Código Penal e do Código de Processo Penal".

Assim, teria o Estatuto do Idoso alterado o conceito de infração penal de menor potencial ofensivo, aumentando de dois para quatro anos o limite da pena máxima para que o crime fosse considerado de menor potencial?

Lei seria apenas o homem, enquanto que, para outros, abrangeria, também, a mulher como sujeito ativo da violência. Sugere-se a leitura, para maiores esclarecimentos sobre a Lei Maria da Penha, da obra de Pedro Rui da Fontoura Porto, intitulada *Violência doméstica e familiar contra a mulher*: Lei 11.340/06: análise crítica e sistêmica. Porto Alegre: Livraria do Advogado, 2007.

[385] TOURINHO FILHO, Fernando da Costa. *Comentários à lei dos juizados especiais criminais*. 2. ed. rev. e atual. São Paulo: Saraiva, 2002. Crimes de menor potencial ofensivo são os considerados, conforme artigo 61 da lei 9.099/95, as contravenções penais e os crimes a que a lei comine pena máxima não superior a um ano, excetuados os casos em que a lei preveja procedimento especial. Agora, com a lei que instituiu o Juizado especial Federal Criminal, podemos afirmar que o art. 61 sob comentário, em face do princípio da proporcionalidade, deve ser lido assim: "consideram-se infrações de menor potencial ofensivo as contravenções penais e os crimes cuja pena máxima não supere dois anos, estejam ou não sujeitos a procedimento especial". Cometeria erro inominável, a nosso juízo, quem pretendesse criar duas espécies de infrações de menor potencial ofensivo: uma na esfera federal e outra, na estadual. Nas questões de liberdade, na inteligência das garantias constitucionais, dizia Rui, não cabe a hermenêutica restritiva. *Favorabilia ampliada (Commentarios à Constituição Federal brasileira*, v. 5, p. 516). Ademais, interpretação contrária serviria, apenas, para demonstrar (o que sabe a disparate) que o Estado estaria permitindo tratamento diferente quanto à mesma infração, conforme seja da competência federal ou da estadual. Um desacato praticado por Procurador de Justiça ensejaria a perda de sua primariedade. Mas, se cometido por Procurador da República, a Justiça se contentaria com simples transação. Ibidem, p. 25.

E a partir do referido dispositivo legal, todo delito cuja pena máxima abstrata não ultrapassar quatro anos, submeter-se-á ao procedimento previsto na Lei nº 9.099/95, podendo receber os benefícios da transação penal e da composição de danos?

Sobre a questão da ampliação ou não do conceito de crime de menor potencial ofensivo, Marco Antonio Vilas Boas argumenta que:

> Curiosamente, o art. 94 do Estatuto outra vez dobrou o espaço de tempo, de 2 (dois) para 4 (quatro) anos, estendendo, conseqüentemente, a competência do Juizado Especial Criminal. Na verdade, passa-se a não saber, ao certo, se o benefício veio para o idoso (porventura processado criminalmente) ou para aquele que cometeu a infração penal contra o idoso. Porém, a considerar uma possível reparação civil, no âmbito do próprio Juizado, o idoso estará a discutir, possivelmente, uma eventual composição civil.[386]

E como conseqüência do chamado procedimento sumaríssimo, previsto na Lei nº 9.099/95, há os institutos da transação penal e da composição de danos, bem como a vedação de prisão em flagrante do autor do fato que assumir o compromisso de comparecer no Juizado Especial.[387]

Damásio de Jesus, analisando o assunto, defende que a questão discutível do artigo 94 diz respeito ao sentido e alcance da norma. Questiona ele:

> 1) Será que o legislador desejou tornar de menor potencial ofensivo os delitos definidos no Estatuto do Idoso cuja pena detentiva abstrata não ultrapasse 4 anos, permitindo, assim, que nesses casos, a aplicação dos institutos da Lei dos Juizados Especiais Criminais, como a transação penal (art. 76)? [388]
>
> 2) Podemos considerar que se estendeu a toda a legislação novo conceito de crime de menor potencial ofensivo, elevando-se o critério quantitativo da pena a 4 anos? Ou o legislador pretendeu somente imprimir o chamado procedimento sumaríssimo da Lei 9.099/95, previsto em seus artigos 77 e seguintes, aos delitos definidos no Estatuto do Idoso?[389]

---

[386] BOAS, op. cit., p. 208.

[387] É preciso diferenciar os benefícios trazidos pela Lei nº 9.099/95, como a transação penal, a composição de danos e a suspensão condicional do processo, que são medidas despenalizadoras, previstas nos artigos 72 a 76, e no artigo 89, com o rito sumaríssimo criado na mesma Lei para dar maior celeridade no processo e julgamento dos crimes considerados de menor potencial ofensivo, previsto nos artigos 77 e seguintes. Os institutos da transação penal e da composição de danos ocorrem em fase preliminar, evitando que o agente delituoso seja processado e julgado pelo seu crime. Já o rito sumaríssimo ocorre no processo e julgamento do delito, procurando-se a celeridade do procedimento, para que ocorra um julgamento rápido. Logo, é regra meramente processual que não se confunde com os institutos despenalizadores.

[388] JESUS, Damásio Evangelista de. Notas críticas a algumas disposições criminais do Estatuto do Idoso – Lei n. 10.741, de 1º de outubro de 2003. *Revista do Ministério Público*, Porto Alegre, n.52, jan/abr/2004, p. 231.

[389] Ibidem, p. 231.

Para o referido autor haverá duas interpretações. A primeira, que afirma que todos os crimes criados pelo Estatuto do Idoso, desde que a pena máxima abstrata prevista não ultrapasse 4 anos, são de menor potencial ofensivo.[390] Como conseqüência desse entendimento, além do procedimento sumaríssimo, estende-se a esses delitos a transação penal, nos termos da Lei dos Juizados Especiais Criminais. Por efeito, entende-se que foi derrogado o art. 61 da Lei nº 9.099/95, que já havia sido derrogado pelo art. 2º da Lei nº 10.259, de 12 de julho de 2001. E, assim, passam a ser de menor potencial ofensivo, na legislação penal nacional, todos os delitos cuja pena máxima abstrata não ultrapasse 4 anos.[391]

Já a segunda interpretação, que Damásio de Jesus acredita ser a mais correta, afirma que a todos os crimes criados pelo Estatuto do Idoso, desde que a pena máxima abstrata prevista não ultrapasse 4 anos, é somente aplicável o procedimento sumaríssimo previsto na Lei dos Juizados Especiais Criminais.[392]

Para o referido penalista, o Estatuto do Idoso não considerou de menor potencial ofensivo todos os crimes nele descritos, matéria que continua regida pelo art. 61 da Lei nº 9.099/95, que foi derrogado pelo parágrafo único do art. 2º da Lei nº 10.259, de 12 de julho de 2001. O entendimento é no sentido de que o Estatuto do Idoso não derrogou o art. 61 da Lei dos Juizados Especiais Criminais. Por isso, para ele é incabível a transação penal e o critério dos 4 anos não se estendeu a toda a legislação criminal.[393]

Ramayana,[394] por sua vez, explica que a norma prevista no artigo 94 do Estatuto, aplica-se de forma restrita, apenas ao aspecto procedimental na apuração dos delitos contra o idoso, pois não se deve fazer um equívoco de interpretação, ampliando o conceito de infração penal de menor potencial ofensivo.

Afirma ele que:

> As infrações de menor potencial ofensivo são definidas na Lei 9.099/95 e 10.259/2001; portanto, sob a ótica da legislação pátria, podemos admitir que são aquelas cuja pena máxima não ultrapasse de 2 (dois) anos. A *mens legislatoris* apenas determi-

[390] JESUS, Damásio Evangelista de. Notas críticas a algumas disposições criminais do Estatuto do Idoso – Lei n. 10.741, de 1º de outubro de 2003. *Revista do Ministério Público*, Porto Alegre, n.52, jan/abr/2004, p. 232.

[391] Ibidem, p.232.

[392] Ibidem, p.232.

[393] Ibidem, p.232.

[394] RAMAYANA, op. cit., p. 94.

nou que o procedimento fosse aplicado de forma idêntica às leis supracitadas, o que significa que a norma em questão é de cunho meramente processual.[395]

Conclui ele, dizendo que "Os crimes tipificados no Estatuto do Idoso, cuja pena não ultrapasse 4 (quatro anos), seguem o procedimento da Lei 9.099/95".[396]

Ramayana cita também o ensinamento do Promotor de Justiça Cláudio Calo Sousa, que defende:

> Certamente surgiram vozes, ao meu sentir, com a devida vênia, equivocadas, no sentido de que o conceito de infração de menor potencial ofensivo foi ampliado, ou seja, levará em conta o crime cuja pena seja igual ou inferior a quatro anos, o que acabaria enquadrando o crime de furto simples, aborto (artigos 124 e 126 do CP), apropriação indébita dentre outros.[397]

O referido Promotor de Justiça argumenta que já houve ampliação do conceito de crimes de menor potencial ofensivo pela Lei nº 10.259/2001, não havendo interesse legislativo do Estatuto do Idoso no aumento do rol dos delitos de tal natureza, sendo que tal Estatuto fez apenas referência ao procedimento, nada definindo quanto ao direito material, e que também não houve previsão no âmbito de disposições transitórias de ampliação dos crimes de menor potencial ofensivo.[398]

Ramayana conclui, no entanto, que caberá, sim, contrariando Damásio de Jesus, ser possível a aplicação dos institutos despenalizadores que estão previstos na Lei nº 9.099/95:

> Na verdade, caberão os institutos despenalizadores da Lei 9.099/95 (transação penal e *sursis* processual), no âmbito, exclusivo, do estatuto especial do idoso, em relação aos crimes cuja pena não ultrapasse 4 (quatro anos). Não haverá extensão em simetria com delitos não previstos na normatização de proteção ao idoso.[399]

E continua o referido autor que o Estatuto do Idoso é uma norma especial, possuindo destinação limitada, como foi, justamente, o caso do delito de embriaguez ao volante, racha ou pega, criado pelo Código de Trânsito Brasileiro, conforme artigo 291 do referido diploma legal, que também previu a possibilidade de aplicação dos institutos despenalizantes. Por isso, não haveria, agora, como se falar em destinação para todos, somente sendo aplicado nos delitos previstos pelo Estatuto do Idoso.[400]

---

[395] RAMAYANA, op. cit., p. 94.

[396] Ibidem, p. 94.

[397] Ibidem, p. 94.

[398] Ibidem, p. 94.

[399] Ibidem, p. 94.

[400] Ibidem, p. 94.

Já Braga,[401] quando comenta os crimes previstos no Estatuto do Idoso, argumenta que o artigo 94 do referido Estatuto prevê que, aos crimes cuja pena máxima privativa de liberdade não ultrapasse 4 (quatro anos), aplica-se o procedimento que está previsto na Lei n° 9.099/95, como também, subsidiariamente, quando couber, e no que for preciso, o procedimento previsto no Código Penal e no Código de Processo Penal.

De acordo com ela, este é justamente o motivo de maior polêmica. Argumenta que há o risco de interpretação de que os crimes contra o idoso são de menor potencial ofensivo, mas tal interpretação é equivocada:

> Ora, a utilização da Lei 9.099/95, que dispõe sobre os Juizados Especiais Criminais e que é conhecida como "*Lei das pequenas causas*" leva a crer que os crimes praticados contra os idosos são crimes de menor potencial ofensivo e que, portanto, comportam procedimento sumaríssimo.[402]

Conclui ela:

> Quanto à adoção da lei 9.099/95, cabe um profundo lamento! a sociedade não deve entender como mensagem indireta que os crimes cometidos contra idosos são de menor potencial ofensivo ou menor importância, e certamente não foi esta a intenção do legislador! Contudo, não há como negar este risco de interpretação, pois é sabido que qualquer lei funciona, se a lei parece branda, talvez não consiga atingir plenamente seu objetivo.[403]

Já Siqueira menciona que, para muitos juristas, a aplicação do procedimento estabelecido pela Lei n° 9.099/95 nada tem a ver com os benefícios da transação e da suspensão do processo, mas apenas com a rapidez processual, o que, para o referido autor, é questionável, já que não seria possível retirar da aplicação da lei as partes consideradas benéficas ao agente delituoso somente para conservar sua celeridade.[404]

Conforme o referido autor, quando ocorrer a hipótese de crime de ação penal pública incondicionada, como é o caso dos crimes previstos no Estatuto do Idoso, se não for situação de arquivamento, o Ministério Público poderá propor a aplicação imediata de pena restritiva de direitos, conhecidas como penas alternativas, ou multa, procedimento conhecido como transação penal.[405]

---

[401] BRAGA, op. cit., p. 203.

[402] Ibidem, p. 203.

[403] Ibidem, p. 206.

[404] SIQUEIRA, op. cit., p. 54.

[405] Ibidem, p. 54.

Consoante o referido autor:

Na prática, nos crimes contra o idoso com pena máxima de quatro anos de reclusão, dificilmente alguém que os cometer será severamente punido, como no caso de maus-tratos a idosos, cuja pena, pelo §1º do art. 99, é de reclusão de um a quatro anos, e se há lesão corporal de natureza grave. O criminoso terá a elaboração de um termo circunstanciado e poderá, por hipótese, sair com o idoso do distrito policial, tendo sua pena suspensa, ou então sendo condenado a serviços comunitários ou a pagamento de cestas básicas... Mas isso, observamos, não acontecerá em todos os crimes.[406]

Damásio de Jesus, por sua vez, questiona se tal tratamento não estaria "atuando com efeito diverso, ou seja, o de incentivar o crime contra pessoa idosa, permitindo ao sujeito ativo receber como prêmio as medidas despenalizadoras da Lei n. 9.099/95?".[407]

Então, Damásio de Jesus defende não serem aplicáveis os institutos despenalizadores da Lei nº 9.099/95 quando da apuração dos delitos contra os idosos, mas tão-somente o rito sumaríssimo. Por outro lado, há o entendimento, como de Marcos Ramayana, de serem aplicáveis todos os institutos despenalizadores da Lei nº 9.099/95 aos crimes do Estatuto do Idoso, cuja pena máxima não seja superior a 4 anos.

Também há quem sustente que o art. 94 do Estatuto do Idoso apenas alargou a competência do Juizado Especial Criminal para processar os delitos previstos, justamente, no Estatuto do Idoso, não determinando, todavia, a aplicação dos institutos despenalizadores, como a transação penal.[408] Assim, o referido art. 94 determinou a aplicação apenas do procedimento da Lei nº 9.099/95, e que este seria apenas o procedimento sumaríssimo, conforme arts. 77-83, sem remissão à fase preliminar.[409]

A referida tese deve ser vista com reservas. Ora, se o delito não é considerado de menor potencial ofensivo, conforme o já exposto, pois o art. 94 não alterou tal conceito, não deveria ser processado no Juizado Especial Criminal.

Tal tese também é questionável por estabelecer que, mesmo sendo processado no Juizado Especial Criminal, não teria o agressor direito aos institutos despenalizadores.

---

406 SIQUEIRA, op. cit., p. 54-55.

407 JESUS, op. cit., 2004, p. 233.

408 FREITAS, Jayme Walmer de. O Estatuto do Idoso e a Lei nº 9.099/95 . Jus Navigandi, Teresina, a. 8, n. 180, 2 jan. 2004. Disponível em: <http://jus2.uol.com.br/doutrina/texto.asp?id=4655>. Acesso em: 01 mai. 2006.

409 Ibidem, sem página.

5.3. Posicionamento jurídico no Estado do Rio Grande do Sul

A corrente doutrinária e jurisprudencial que possui maior aceitação junto ao Tribunal de Justiça do Rio Grande do Sul é no sentido de que podem ser aplicados, não só o rito sumaríssimo, mas, também, os benefícios despenalizadores da Lei nº 9.099/95 aos crimes do Estatuto do Idoso. Todavia, entende que tais benefícios, bem como o rito sumaríssimo, devem ser aplicados, de forma exclusiva, na Justiça Comum, e não na Justiça Especial, pois considera que não houve alargamento dos crimes de menor potencial ofensivo, que continuam a ser considerados aqueles cuja pena máxima não seja superior a dois anos:

> CONFLITO DE COMPETÊNCIA. ARTIGO 102 DO ESTATUTO DO IDOSO. COMPETÊNCIA DO JUIZADO COMUM. 1 – Versando o termo circunstanciado sobre matéria relativa a delito enquadrado no artigo 102 do Estatuto do Idoso, com pena prevista entre 01 a 04 anos, é de competência do juizado Comum processar e julgar o feito. CONFLITO JULGADO PROCEDENTE. (Tribunal de Justiça do Rio Grande do Sul. Conflito Negativo de Competência. NJG nº 70013087507 2005/CRIME. Relator: Desembargador Nereu José Giacomolli. 01 de dezembro de 2005. Sétima Câmara Criminal. Porto Alegre/RS).[410]

Tal decisão tratou de conflito negativo de competência, que, na oportunidade, foi suscitado pelo Magistrado do Juizado Especial Criminal da Comarca de Santa Cruz do Sul/RS. Nos autos, havia a descrição do delito tipificado no art. 102 do Estatuto do Idoso, qual seja, o de se apropriar ou desviar bens, proventos, pensão ou qualquer outro rendimento do idoso, dando a eles aplicação diversa daquela que é a sua finalidade. Para tal delito a pena cominada é de reclusão de 1 (um) a 4 (quatro) anos e multa.

O referido acórdão enfatiza que não é possível confundir procedimento com competência. Lembra que o Estatuto do Idoso não alterou as disposições acerca do conceito de infração de menor potencial ofensivo, sendo que a competência dos Juizados Especiais Criminais está devidamente consignada nos artigos 60 e 61 da Lei nº 9.099/95, que, posteriormente, foi modificado pela Lei nº 10.259/01, fixando o máximo da pena a ser observada, que é de dois anos.

E conclui que:

> O Juizado Comum poderá aplicar os benefícios da lei nº 9.099/95, assim entendendo o julgador. Entretanto, sendo a pena máxima cominada ao delito quatro anos, é de ser fixada a competência do Juízo Comum para processar e julgar o feito.

---

[410] BRASIL. Tribunal de Justiça do Rio Grande do Sul. Conflito Negativo de Competência. NJG nº 70013087507 2005/CRIME. Relator: Desembargador Nereu José Giacomolli. 01 de dezembro de 2005. Sétima Câmara Criminal. Porto Alegre/RS.

Isso posto, julgo procedente o conflito para estabelecer a competência do Juízo Comum para processar e julgar o presente feito.[411]

No mesmo sentido, são as conclusões trazidas por alguns doutrinadores, entre eles Luiz Flávio Gomes.[412]

Em realidade, há várias decisões emanadas pelo Tribunal de Justiça do Rio Grande do Sul, todas indicando que o crime seja julgado pela Justiça Comum, utilizando-se, porém, o rito sumaríssimo da Lei nº 9.099/95. Em regra, porém, tais decisões não adentram, de forma específica, na possibilidade, ou não, da aplicação dos dispositivos despenalizadores da Lei nº 9.099/95, dentre as quais podemos citar:

CONFLITO DE COMPETÊNCIA. ESTATUTO DO IDOSO. ARTIGO 94 DA LEI 10.741/97. NORMA DE CARÁTER PROCEDIMENTAL. COMPETÊNCIA DO JUIZADO COMUM. Conflito procedente. (Conflito de Competência Nº 70011211182, Sexta Câmara Criminal, Tribunal de Justiça do RS, Relator: João Batista Marques Tovo, Julgado em 12/05/2005).

CONFLITO NEGATIVO DE COMPETÊNCIA. ESTATUTO DO IDOSO. JUIZADO ESPECIAL. O art. 94 da Lei n. 10.741/03 não pretendeu alterar o conceito de infração de menor potencial ofensivo, apenas determinou a aplicação do procedimento da Lei 9.099/95 aos crimes previstos naquela lei cuja pena máxima não ultrapasse 04 (quatro) anos. Conflito improcedente. (Conflito de Competência Nº 70010970085, Sétima Câmara Criminal, Tribunal de Justiça do RS, Relator: Alfredo Foerster, Julgado em 31/03/2005).

RECURSO EM SENTIDO ESTRITO. EXPOR A PERIGO A INTEGRIDADE OU A SÁUDE. ART. 99, CAPUT, E APROPRIAR-SE DE BENS DE IDOSO. ART. 102, AMBOS DA LEI 10.741/03) CONCURSO MATERIAL. ART. 69 DO CPB. ESTATUTO DO IDOSO. COMPETÊNCIA DECLINADA. 1.Adotar o procedimento da Lei 9099/95 não implica o processamento da ação penal perante o Juizado Especial Criminal, por isso a movimentação processual que assim cadastrou o feito está incorreta. 2. Se entre os delitos imputados ao acusado, em concurso material, há um que afasta a competência do Juizado Especial Criminal, imperativo que o recurso seja examinado pelo TJRS ¿ competente para exame dos recursos relativos a delitos com pena privativa de liberdade superior a dois anos. DECLINADA A COMPETÊNCIA AO TJRS. UNÂNIME. (Recurso Crime Nº 71001424092, Turma Recursal Criminal, Turmas Recursais, Relator: Nara Leonor Castro Garcia, Julgado em 17/09/2007).

O Ministério Público do Estado do Rio Grande do Sul realizou, em Canela, em novembro de 2004, o I Encontro Criminal intitulado "O Ministério Público e as Estratégias Jurídico-Criminais para Efetivar o Direito Fundamental à Segurança Social", onde os Promotores

[411] Conflito Negativo de Competência. NJG nº 70013087507 2005/CRIME, citado.

[412] GOMES, Luiz Flávio. *O Estatuto do Idoso ampliou a conceito de menor potencial ofensivo?* Disponível em: <http://www.mundojuridico.adv.br/html/artigos/direito_processual_penal.htm> Acesso em: 14 jul. 2005.

e Procuradores de Justiça com atribuição na área criminal debateram questões polêmicas e de apreciação necessária à atuação do Ministério Público, apresentando, dentre outros, o Enunciado nº 058, que foi devidamente aprovado pelo Procurador-Geral de Justiça e pelo Corregedor-Geral do Ministério Público do Rio Grande do Sul, e que foi redigido no seguinte sentido:

> É possível a aplicação do procedimento sumaríssimo aos crimes contra idoso, em razão do disposto no artigo 94 do Estatuto do Idoso, cuja pena máxima seja superior a 2 anos, no juízo comum. Não é possível a aplicação dos benefícios estabelecidos na Lei n.º 9.099/95 aos aludidos delitos, exceto a suspensão condicional do processo. Em delitos dessa natureza, deverá o Ministério Público requisitar inquérito policial à autoridade policial, em vez de Termo Circunstanciado, bem como não deverá o agente ministerial com atribuições junto ao juízo comum promover a remessa dos autos ao JEC.

Assim, muito embora o assunto ainda não esteja pacificado, havendo posições conflituosas na doutrina e jurisprudência, parece claro que: a) continua a viger no Brasil o conceito de infração de menor potencial ofensivo com pena máxima de até 2 anos, que está no artigo 2º, parágrafo único, da Lei nº 10.259/01; b) não foi ampliado o conceito de infração de menor potencial ofensivo. Todos os delitos, mesmo os previstos no Estatuto do Idoso, cuja pena máxima supere dois anos devem ser objeto de Inquérito Policial, e não Termo Circunstanciado, sendo da competência da Justiça Comum, não dos juizados.[413]

Mas isto não significa que o Estatuto do Idoso não possua nenhum delito de menor potencial ofensivo. Em várias infrações, previstas no referido Estatuto, a pena não passa de dois anos, sendo essas de competência dos Juizados Especiais Criminais, sendo investigadas por Termo Circunstanciado:

> Art. 96. Discriminação de pessoa idosa. Pena: reclusão de 6 meses a 1 ano e multa.
>
> Art. 97. Deixar de prestar assistência ao idoso. Pena: detenção de 6 meses a 1 ano e multa.
>
> Art. 99. *caput.* Expor a perigo a integridade e a saúde, física ou psíquica, do idoso submetendo-o a condições desumanas ou degradantes. Pena: detenção de 2 meses a 1 ano e multa.
>
> Art. 100. Crimes que consistem em obstar o acesso a cargo público por motivo de idade, e outros previstos nos incisos do referido artigo. Pena: reclusão de 6 meses a 1 ano e multa.
>
> Art. 101. Deixar de cumprir ordem judicial ou outra determinação que tenha como parte o idoso. Pena: detenção de 6 meses a 1 ano e multa.

---

[413] GOMES, op. cit., sem página.

> Art. 103. Negar acolhimento ou permanência do idoso como abrigado. Pena: detenção de 6 meses a 1 ano e multa".
>
> Art. 104. Reter cartão de crédito relacionado à conta de benefícios, proventos ou pensão do idoso. Pena: detenção de 6 meses a 2 anos e multa".

E, finalmente:

> Art. 109: Impedir ou embaraçar ato do representante do Ministério Público ou de qualquer outro agente fiscalizador. Pena: reclusão de 6 meses a 1 ano e multa.

E tal acontece porque, nesses delitos, a pena máxima cominada não passa de dois anos, enquadrando-se no conceito de infração de menor potencial ofensivo, conforme a Lei nº 10.259/01.

Assim, será feito o uso do Termo Circunstanciado, bem como aplicação dos institutos despenalizadores.[414]

Todavia, há um terceiro grupo de crimes previstos no Estatuto do Idoso que não admitem nem Juizados, nem o próprio procedimento respectivo, pelo fato de serem crimes punidos com pena superior a quatro anos. São os crimes previstos no art. 99, § 2º, e no art. 107.

Diz o art. 99: "Expor a perigo a integridade e a saúde, física ou psíquica, do idoso, submetendo-o a condições desumanas ou degradantes ou privando-o de alimentos e cuidados indispensáveis, quando obrigado a fazê-lo, ou sujeitando-o a trabalho excessivo ou inadequado: § 2º Se resulta morte: Pena – reclusão de 4 (quatro) a 12 (doze) anos".

Já o artigo 107 do referido estatuto assim estabelece: "Coagir, de qualquer modo, o idoso a doar, contratar, testar ou outorgar procuração: Pena – reclusão de 2 (dois) a 5 (cinco) anos".

Observa-se, ainda, que as eventuais disposições da Lei nº 9.099/95 não se aplicam aos demais crimes, com pena máxima superior a 2 anos, previstos fora do Estatuto do Idoso, como, por exemplo, os crimes previstos no Código Penal, como furto, etc., já que o artigo 94 do referido Estatuto é claro em dizer que as disposições da Lei nº 9.099/95 só se aplicam "Aos crimes previstos nesta Lei".Tratase de norma especial, portanto, de abrangência limitada, conforme já exposto no presente estudo.

A partir desse entendimento, podemos exemplificar que não seguirá o procedimento da Lei nº 9.099/95 o processo que apurar o

[414] Cabe, aqui, salientar, mais uma vez, que, ocorrendo violência doméstica e familiar contra a mulher, o crime passa a ser enquadrado na chamada Lei Maria da Penha, sendo, independentemente da pena cominada, inaplicável os institutos da Lei nº 9.099/95, por expressa disposição legal.

crime de furto simples, previsto no art. 155, *caput*, do Código Penal, praticado contra o idoso, ainda que a pena máxima de tal delito seja, justamente, de 4 anos. Mas, de outra forma, submeter-se-á ao rito e benefícios da Lei nº 9.099/95 o processo que tratar do delito que está previsto no art. 98 do Estatuto do Idoso, que é apenado com 6 meses e 3 anos de detenção: "Abandonar o idoso em hospitais, casas de saúde, entidades de longa permanência, ou congêneres, ou não prover suas necessidades básicas, quando obrigado por lei ou mandado: Pena – detenção de 6 (seis) meses a 3 (três) anos e multa".

5.4. O Estatuto do Idoso no combate à violência doméstica e familiar – retrocesso ou avanço?

Para muitos, as disposições do Estatuto do Idoso acabaram por beneficiar, justamente, os agressores dos idosos, que terão direito aos benefícios da Lei nº 9.099/95, incentivando, ainda mais, a violência contra o idoso.

Para outros, ao possibilitar a transação penal, a composição de danos e a suspensão condicional do processo, beneficiariam diretamente os idosos, já que envolvem, não só a mera punição do agressor, mas a busca da conciliação, do acordo e da preservação dos interesses do idoso, através, por exemplo, do ressarcimento do dano. Além disso, o procedimento sumaríssimo seria uma forma de dar mais agilidade e rapidez no julgamento dos agressores dos idosos.

Para esses, seria exagero afirmar que o idoso será escolhido, com maior facilidade, como vítima da prática de delitos, porque o limite de quatro anos da pena máxima só será aplicado quando se tratar dos crimes especiais previstos no Estatuto do Idoso. Para qualquer outra infração penal, prevista fora dele, valem as leis gerais.

Assim, se o idoso for vítima de um furto simples, o criminoso será processado pelo rito ordinário, ou seja, com base no rito disposto nos artigos 394 a 405 e 498 a 502, todos do Código de Processo Penal. Ocorre que o autor de tal furto terá sua pena agravada, conforme o artigo 61, inciso III, letra "h", do Código Penal. Assim, o procedimento previsto no art. 94 da Lei nº 10.741/03 não incidirá no caso.

Além disso, o Estatuto do Idoso criou vários outros crimes, como já visto, aumentando a proteção penal do idoso.

E o Estatuto do Idoso, assim, não teria alterado o conceito de infração de menor potencial ofensivo, até o momento, que é de competência privativa de leis específicas, por enquanto Lei nº 9.099/95 – Lei dos Juizados Especiais –, e Lei nº 10.259/01, que estabeleceu o Juizado Especial na Justiça Federal.

O que o referido Estatuto fez foi, na concepção do Egrégio Tribunal de Justiça gaúcha, emprestar da Lei nº 9.099/95 o rito dos artigos 77 a 83, que é chamado de rito sumaríssimo, que, por sua vez, é mais célere, fazendo com o que o litígio tenha uma rápida solução processual.

Damásio de Jesus, todavia, apresenta várias situações supostamente incongruentes trazidas pelo Estatuto do Idoso.

Por exemplo, no crime descrito no art. 168 do Código Penal – apropriação indébita comum –, o autor pode ser autuado em flagrante. O delito não é considerado de menor potencial ofensivo e sobre sua apuração não incide o procedimento da Lei nº 9.099/95, embora permita, em tese, presente as condições, a suspensão condicional do processo, que é cabível em relação a qualquer delito cuja pena mínima não ultrapasse 1 ano (e suspende o andamento do processo, mediante condições, não havendo prolação de sentença, e mantendo-se o agressor sem qualquer condenação). Na fase policial, o autuado é recolhido ao cárcere por não caber arbitramento de fiança pela autoridade policial.[415]

Já na apropriação indébita de bens, proventos ou pensão do idoso, que está tipificada no art. 102 da Lei nº 10.741/2003, ao contrário da apropriação indébita comum, é permitida a lavratura do termo circunstanciado, livrando o autor do fato de prisão em flagrante e do cárcere, se assinar o documento de prontamente comparecer em todos os atos do processo.[416]

Outra situação, destacada pelo referido penalista, ocorre no crime de sujeitar o idoso a trabalho excessivo ou inadequado, causando-lhe lesão corporal de natureza grave ou gravíssima, ilícito que está tipificado no art. 99, § 1º, da Lei nº 10.741/2003, e que recebe tratamento penal bem mais benéfico se for comparado com o procedimento previsto para os crimes de lesão corporal de natureza grave e maus-tratos, que estão previstos nos artigos 129 e 136 do Código Penal, respectivamente. Assim, lamenta ele que o Estatuto acabou por proteger o autor do crime contra o idoso e não este.[417]

[415] JESUS, op. cit., 2004, p. 232.

[416] Ibidem, p. 232-233.

[417] Ibidem, p. 233.

Para Damásio de Jesus, "Esse tratamento não estaria atuando com efeito diverso, ou seja, o de incentivar o crime contra pessoa idosa, permitindo ao sujeito ativo receber como prêmio as medidas despenalizadoras da Lei n. 9.099/95?".[418]

A disposição do artigo 94 do Estatuto do Idoso seria, assim, contraditória com o que estabelece o artigo 2° do próprio Estatuto, quando dispõe que "o idoso goza de todos os direitos fundamentais inerentes à pessoa humana, sem prejuízo da proteção integral de que trata esta Lei, assegurando-se-lhe, por lei ou por outros meios, todas as oportunidades e facilidades, para preservação de sua saúde física e mental e seu aperfeiçoamento moral, intelectual, espiritual e social, em condições de liberdade e dignidade".

O artigo 2° do referido Estatuto faz presumir que o objetivo do legislador era o da utilização do instrumental de penas para a efetiva proteção da dignidade do idoso e não torná-lo mais fragilizado.

E o artigo 94 do Estatuto conflitaria com as disposições do próprio Estatuto de alterar, no Código Penal e legislação especial, a agravação das penas quando a vítima for idosa, em crimes comuns.

No Código Penal, o Estatuto determina a alteração da redação da agravante genérica do artigo 61, inciso II, letra "h", mandando agravar, assim, a pena quando o agente praticar o crime contra maior de 60 anos.[419]

É acrescido no § 4° do artigo 121 do Código Penal uma causa de aumento de pena quando o homicídio doloso é praticado contra pessoa maior de 60 anos, o mesmo ocorrendo quanto ao crime de abandono de incapaz (art. 133 do CP), no crime de injúria (art. 140, § 3°, do CP) e nos demais crimes contra a honra (art. 141 do CP), no seqüestro e cárcere privado (art. 148 do CP), na extorsão mediante seqüestro (art. 159 do CP).

No abandono material (art. 244 do Código Penal), passa a ser crime deixar, sem justa causa, de prover a subsistência do maior de 60 anos.

Na legislação extravagante, algumas infrações da Lei das Contravenções Penais, bem como o crime de Tortura (Lei n° 9.445/97), e de Tóxicos (Lei n° 6.368/76),[420] terão suas penas aumentadas se o crime for praticado contra o Idoso.

---

418 JESUS, op. cit., 2004, p. 233.

419 Tal dispositivo termina com uma discussão antiga, já que a disposição penal anterior determinava que a pena fosse aumentada quando a vítima fosse velho, sem, contudo, indicar a idade, razão pela qual existiam inúmeras discussões sobre quem deveria ser considerado velho.

420 A Lei n° 6.368/76 foi revogada expressamente pela Lei n° 11.343/2006, que não mais repetiu tal causa de aumento de pena.

Em todos esses casos, determina o Estatuto do Idoso que o agressor da pessoa idosa receba pena mais grave. Todavia, nos crimes específicos praticados contra o idoso, previstos no próprio Estatuto, a pena será menor e da competência do Juizado Especial Criminal.

E há outras inadequações apontadas na doutrina e jurisprudência.

O abandono de incapaz do Código Penal (art. 133), por sua pena, não é considerado de menor potencial ofensivo. Todavia, sua figura assemelhada, prevista no artigo 98 do referido Estatuto, apesar de pena máxima de 3 anos, prevê o rito da Lei nº 9.099/95.

Apropriar-se ou desviar bens, proventos ou pensões dos idosos, dando-lhes aplicação diversa da de sua finalidade, prevista no art. 102 do Estatuto, terá sua aplicação junto ao Juizado Especial Criminal, como conseqüência será conduta menos grave do que apropriação indébita do art. 168 do Código Penal. Assim, o crime do art. 168 do Código Penal (cuja vítima é qualquer pessoa) torna-se mais rigoroso que o mesmo crime praticado contra pessoas idosas.

Abusar da falta de discernimento de um idoso, crime previsto no art. 106 do Estatuto, será mais vantajoso para o criminoso diante da hipótese do artigo 174 do Código Penal, crime similar de induzimento à especulação cuja vítima é qualquer pessoa, já que este não terá a aplicação dos institutos da Lei nº 9.099/95, o que acontece com aquele.

Portanto, para alguns, não há coerência entre as disposições penais do Estatuto do Idoso com a finalidade apresentada e seu efetivo resultado prático. A questão da violência contra o idoso irá se resumir, apenas, em pagamento de cesta básica, contradizendo totalmente com o que era o objetivo do Estatuto do Idoso, de efetivar o Princípio da Proteção e da Prioridade Absoluta com relação a ele.

Damásio de Jesus é categórico e bem explica tal incoerência:

> Meu pai dizia que o diabo, de tanto mexer no rosto do filho, para que ficasse bonito, furou-lhe o olho. O legislador criminal brasileiro, sem o mínimo cuidado, está mexendo tanto em nossas leis, que elas, já cegas, rondam sem rumo pelo caminho da confusão e da desproporcionalidade, tropeçando em seus próprios erros.[421]

O art. 95 do Estatuto do Idoso, por outro lado, estabeleceu que todos os crimes contra os idosos são de ação penal pública incondicionada, retirando a necessidade de o Idoso representar contra seus agressores, em regra seus familiares. Tal disposição é importante e evita que o Idoso sinta-se constrangido ou temeroso, o que nor-

---

[421] JESUS, op. cit., 2004, p. 234.

malmente acontecia. Assim, uma vez ocorrido o crime, e levado ao conhecimento da autoridade policial, ministerial ou judicial, o procedimento deverá ser instaurado automaticamente e de ofício, sem necessidade de qualquer manifestação da vítima. Trata-se de ponto positivo do Estatuto do Idoso, sem qualquer dúvida.

Por fim, ainda o artigo 95 do Estatuto do Idoso determinou que não se aplica a escusa absolutória prevista no artigo 181 do Código Penal, como também a necessidade de representação prevista no artigo 182, também do Código Penal, aos crimes patrimoniais cometidos contra idosos, tanto os previstos no Código Penal (vedado pelo artigo 183 do Código Penal, alterado pelo próprio Estatuto) como no próprio Estatuto do Idoso. Trata-se, então, de um óbvio ponto positivo do Estatuto do Idoso, já que retira o impedimento antes existente de que crimes patrimoniais cometidos contra idosos por seus familiares sejam punidos e de que necessite o idoso representar contra seus próprios familiares, como antes referido.

Como se observa, há grande controvérsia entre os doutrinadores sobre as disposições penais e processuais contidas no Estatuto do Idoso. Não há unanimidade e nem certeza de que o Estatuto do Idoso andou bem em tais disposições. Para alguns, houve verdadeiro retrocesso, prejudicando a repressão da violência contra o idoso. Para outros, houve inovações interessantes e importantes no trato com a questão da violência contra o Idoso.

Mas, mais uma vez, há que ser lembrado que, agora, a partir da edição da Lei nº 11.340, de 7 de agosto de 2006, a chamada Lei Maria da Penha, os crimes cometidos com violência ou ameaça contra mulheres – idosas ou não –, mas no ambiente doméstico e familiar, passaram a ser regidos por tal ordenamento, afastando, assim, até pelo princípio da especialidade e da lei posterior, o Estatuto do Idoso. Portanto, para tais delitos, não se aplicaria, em princípio, as disposições do Estatuto do Idoso, situação esta ainda não consolidada na doutrina e na jurisprudência. E o artigo 41 da Lei nº 11.340/06 veda, de forma expressa, a aplicação dos institutos despenalizadores da Lei nº 9.099/95 aos crimes praticados com violência doméstica e familiar contra as mulheres, seja qual for a pena cominada, o que fatalmente deverá ser aplicado às idosas. Além disso, permite-se a decretação da prisão preventiva do agressor, mesmo nos crimes de menor significação.

Tal situação demonstra que a chamada Lei Maria da Penha foi muito mais longe no trato penal da violência contra a mulher do que o Estatuto foi no trato da violência contra o idoso, demonstrando que aquela Lei é mais grave com os agressores do que o Estatuto, o que é indicativo indubitável da timidez com que o legislador editou a legislação protetiva do idoso.

Mas, se com a Lei Maria da Penha houve clara alteração na situação da idosa, quando vítima de violência doméstica e familiar, o mesmo não ocorreu com o idoso, pois este não foi atingido pela nova legislação.

Considerações finais

O Brasil, nas próximas décadas, será um país de idosos, sendo papel fundamental de toda a sociedade e do próprio Estado a fomentação de uma nova mentalidade, vendo os idosos, com suas experiências e limitações trazidas pela idade, como pessoas que de certa forma voltaram à infância e, por isso mesmo, sendo tratados com a máxima prioridade. Necessitam, pois, que sejam respeitados em sua dignidade, sob uma ótica humanista, que coloca o ser humano como prioridade.

É importante que façamos uma correta análise da atual situação social e jurídica brasileira, a fim de vencermos a séria crise de paradigma pela qual passamos, em especial os administradores públicos que não compreenderam, ainda, as transformações do mundo, resultando na incapacidade em lidar com a realidade social de envelhecimento da população.

Essa crise de paradigma faz com que nossa atual Carta Constitucional, embora traduza um nítido desejo garantista, de proteção aos direitos humanos e fundamentais, com a criação de um Estado Democrático de Direito, seja relegada, muitas vezes, a um segundo plano, trazendo indiferença e ineficácia aos preceitos constitucionais, o que precisa ser modificado.

A preocupação da nossa sociedade deve ser a criação de um sistema de poder, uma pauta de regras e princípios, uma ordem jurídica moderna ou uma nova estrutura da economia, que possa propiciar a Dignidade da Pessoa Humana, principalmente com relação ao idoso.

Assim, resta necessária uma mudança na atuação de todos, mas, em especial, dos administradores públicos e dos operadores jurídicos no trato com a questão do idoso.

Para a construção de um novo referencial com relação à velhice, é necessário garantir a dignidade de todos. E é a partir da inclusão social, que só será possível se tivermos pessoas solidárias, cordiais e que sejam conectadas com tudo e com todos, que será possível resgatar o idoso como valor para a sociedade.

É preciso também uma reflexão em relação ao próprio envelhecimento, de descobrir de qual maneira é possível estabelecer reservas físicas e emocionais que permitam ânimo e vigor na velhice para desenvolver o potencial de aprendizado, lazer e sociabilidade que o tempo finalmente mais livre pode proporcionar.

O envelhecimento é considerado como um objetivo a ser alcançado por qualquer sociedade. Ocorre que ele, por si, não é o bastante, pois é muito importante que se alcance qualidade de vida para aqueles que já envelheceram ou estão atravessando o processo de envelhecimento. Isso implica a tarefa complexa de manutenção de autonomia e independência. O desafio para os países considerados pobres é muito grande, já que possuem menos estrutura para enfrentar essa nova realidade.

Países como o Brasil ainda não resolveram, de forma satisfatória, as necessidades básicas da infância e adolescência e estão diante da emergência, em termos quantitativos, de outro grupo etário, que está fora da produção econômica e precisa de investimentos para atender a suas demandas que são específicas.

É duplo o desafio que a sociedade tem de enfrentar: o de assegurar serviços de qualidade para os idosos e desenvolver, conjuntamente, recursos humanos de excelência e conhecimento qualificado para lidar com esse grupo etário, que está crescendo muito no país. Isso sem abandonar a atenção à base da pirâmide social, sob pena de ocorrer o agravamento das lamentáveis estatísticas de abandono, maus-tratos e outras formas de violência.

O idoso sofre discriminação social em face da cultura de desrespeito e desprezo que atualmente vigora em nossa sociedade, enaltecendo a juventude eterna, o que se reflete, inclusive, nos operadores jurídicos e nos administradores públicos. É imprescindível que se reconheça a dignidade do idoso e que se atue concretamente na proteção e efetivação dos direitos humanos e fundamentais relacionados aos idosos, usando o Estatuto do Idoso como instrumento para garantir os direitos fundamentais dessa população e para protegê-la contra a violência doméstica.

É inegável que o Estatuto do Idoso é um avanço no trato com a questão da chamada Terceira Idade, em especial nas áreas de saúde, lazer, previdência e em outras, podendo ser definido como um microssistema legal de garantias na proteção da dignidade do idoso, inclusive estabelecendo o princípio da prioridade absoluta com relação ao idoso, em especial quanto à formulação de políticas públicas deverá ele ter prioridade orçamentária, como forma de garantir, acima de tudo, sua dignidade.

Tratar, proteger e garantir o idoso contra a violência doméstica e familiar está ligado diretamente ao interesse público, pois essa camada da população não pára de crescer e, em poucos anos, conforme o IBGE, teremos a inversão da pirâmide social, havendo mais idosos do que jovens habitando nosso país.

O Estado deverá garantir, assim, o chamado Bem Comum, que está ligado ao interesse público, que é, justamente, o de implementar as políticas públicas previstas no Estatuto, efetivando a dignidade do ser humano, fundamento do Estado Democrático de Direito.

Especificamente quanto à violência doméstica e familiar, o Estado poderá estabelecer programas de tratamento ao idoso e aos agressores, bem como realizar programas de conscientização e informação. Além disso, poderá criar casas de passagem, conveniando com órgãos estatais, como Ministério Público e Defensoria Pública, na defesa dos idosos. O Conselho Municipal, aliás, é instituição apta a trabalhar contra a violência doméstica e familiar, dando apoio ao idoso e recursos para que tal situação seja reprimida.

Observa-se, ainda, que, quanto à violência, caracterizada pela negligência nas instituições asilares, através do descaso com a higiene e outros cuidados, caracterizando-as como impróprias para a moradia e o cuidado do idoso, foi muito importante a previsão do Estatuto de que tais entidades sejam fiscalizadas, interditadas, até mesmo com a suspensão de repasse de verbas públicas e o afastamento de seus dirigentes.

Sentindo-se protegido e valorizado, o idoso elevará sua auto-estima, enfrentando as dificuldades da vida de maneira mais fácil, criando condições para que ele e a sociedade consigam criar uma nova realidade, de aceitação, de reconhecimento e de proteção.

Uma vez implementadas pelo Estado tais políticas públicas, trarão o fortalecimento da auto-estima do idoso, e como conseqüência natural ele terá maior conhecimento de seus direitos, como também da consciência de sua cidadania, exercendo o poder de denunciar os seus agressores e exigir dos entes públicos a efetivação dos seus direitos.

Mas se é inegável que o Estatuto do Idoso é um avanço, em especial nas áreas de saúde, lazer, previdência e outras, observou-se haver grande controvérsia na doutrina e na jurisprudência sobre as disposições penais e processuais contidas no Estatuto do Idoso. Não há unanimidade, nem certeza de que o Estatuto do Idoso andou bem em tais disposições. Para alguns, houve verdadeiro retrocesso, prejudicando a repressão da violência contra o idoso. Para outros, houve inovações interessantes e importantes.

O certo é que o legislador brasileiro talvez pudesse ter ido mais longe na defesa do Idoso, e, talvez, com menos ambigüidades, dúvidas e contradições no texto legal.

Não se pode, todavia, apenas entender pela inadequação do referido Estatuto, fazendo terra arrasada, pois é entrada certa para o retrocesso. Devemos, sim, buscar o aperfeiçoamento e a evolução da própria legislação, sempre numa visão Humanista e na proteção do Idoso.

É claro que o Estatuto do Idoso não é uma legislação perfeita e acabada. Trata-se de uma lei que trouxe avanços, e, como se viu, até mesmo retrocesso na busca da proteção do idoso. Mas é um reconhecimento do próprio Estado brasileiro de que é preciso buscar formas de proteger os nossos velhos.

Agora, é a sociedade como um todo que precisa compreender essa situação e fazer efetivas as normas constitucionais e legais, a fim de que, de fato, possamos esperar um mundo melhor para todos nós, sem violência e discriminação.

Referências

AGUSTINI, Carlos Fernando. Humanismo, velhice e Direito. In: MEZZAROBA, Orides (Org.) *Humanismo Latino e Estado no Brasil*. Florianópolis: Fundação BOAITEUX, 2003, p. 369-392.

A NOTÍCIA. Disputa por bens gera violência ao idoso. Pesquisa revela que 40% das queixas registradas em DP são contra filhos, netos ou seus cônjuges. Disponível em: < http://an.uol.com.br/2000/set/12/0pai.htm> Acesso em: 08 fev. 2006.

——. *Abandono em hospitais e asilos é freqüente*. Disponível em: < http://an.uol.com.br/2000/set/12/0pai.htm> Acesso em: 08 fev. 2006.

ARENDT, Hannah. *A condição humana*. Tradução de Roberto Raposo. 10. ed. Rio de Janeiro: Forense Universitário, 2004.

BARCELLOS, Ana Paula de. *A eficácia jurídica dos princípios constitucionais*: O princípio da dignidade da pessoa humana. Rio de Janeiro: Renovar, 2002.

BARROS, Orlando de. Os velhos e os velhacos. In: LEMOS, M. T.T.B.; ZAGAGLIA, R.A. (Org.) *A arte de envelhecer. saúde, trabalho, afetividade, Estatuto do Idoso*. Aparecida, SP: Idéias & Letras, 2004, p. 133-148.

BEAUVOIR, Simone de. *A velhice*. Tradução de Maria Helena Franco Monteiro. Rio de Janeiro: Nova Fronteira, 1990.

BÍBLIA. Macabeus. Português. *Bíblia Sagrada*. Tradução de João Ferreira de Almeida. São Paulo: VIDA, Edição Contemporânea, 1990.

BITTAR, E. C. B.; ALMEIDA, G. A de. *Curso de Filosofia do Direito*. 4. ed. São Paulo: Atlas, 2005.

BOAS, Marco Antonio Vilas. *Estatuto do idoso comentado*. Rio de Janeiro: Forense, 2005.

BOBBIO, Norberto. *A era dos direitos*. Tradução de Carlos Nelson Coutinho. Rio de Janeiro: Campus, 1992.

——. *O Futuro da Democracia*: uma defesa das regras do jogo. Tradução de Marco Aurélio Nogueira. 5. ed. Rio de Janeiro: Paz e Terra, 1986.

BOBBIO, N.; MATTEUCCI, N.; PASQUINO, G. *Dicionário de Política*. Tradução de Carmem C. Varriale, Gaetano Lo Mônaco, João Ferreira, Luís Guerreiro Pinto Caçais e Renzo Dini. 2. ed. Brasília: EDUnB, 1986.

BONAVIDES, Paulo. *Curso de Direito Constitucional*. 7. ed. São Paulo: Malheiros, 1998.

BRAGA, Pérola Melissa Vianna. *Direitos do idoso*. São Paulo: Quartier Latin, 2005.

BRANDÃO, Paulo de Tarso. Humanismo, velhice e direito. In: MEZZAROBA, Orides (Org.) *Humanismo Latino e Estado no Brasil*. Florianópolis: Fundação BOAITEUX, 2003, p.125-166.

Brasil já tem mais de 180 milhões de habitantes. Disponível em: <http://www.ibge.gov.br/home/presidencia/noticias/30082004projecaopopulacao.shtm>. Acesso em: 26 dez. 2006.

BRASIL. Tribunal de Justiça do Rio Grande do Sul. Conflito Negativo de Competência. NJG nº 70013087507 2005/CRIME. Relator: Desembargador Nereu José Giacomolli. 01 de dezembro de 2005. Sétima Câmara Criminal. Porto Alegre/RS.

CÂMARA, Jussara. Longevidade em perigo. *Direito do Idoso*. Disponível em: «http://www.DireitodoIdoso.com.br/01/artigo012.html». Acesso em: 13 de set. de 2004.

COM CIÊNCIA – VELHICE. *Mundo envelhecido, país envelhecido*. Disponível em: <http://www.comciencia.br/reportagens/envelhecimento/texto/env16.htm>. Acesso em: 08 fev. 2006.

CANOTILHO, José Joaquim Gomes. *Direito Constitucional e Teoria da Constituição*. 3. ed. Coimbra, Portugal: Livraria Almedina, 1999.

CORTELLETTI, I.; CASARA, M.B; HERÉDIA, V.B.; (Orgs.). *Idoso Asilado*: Um estudo gerontológico. Caxias do Sul, RS: EDUCS/EDIPUCRS, 2004.

COSTA, M. M. M.; VERONESE, J. R. P. Violência doméstica contra a criança e o adolescente: uma leitura interdisciplinar. In: LEAL, R. G.; REIS, J. R. (Org.) *Direitos Sociais & Políticas Públicas* – Desafios Contemporâneos. *Tomo 4*. Santa Cruz do Sul: EDUNISC, 2004, p. 1121-1140.

COSTA, P. L.; e CHAVES, P. G. S. Ampliação da faixa etária nas ocorrências criminais e suas características relacionadas no Anuário de Estatísticas Criminal da Polícia Civil, de acordo com a Lei 8.842/94. *Espaço acadêmico*. Disponível em «http://www.espacoacademico.com.br/024/24cppaulo.html». Acesso em: 16 de set. de 2004.

——. *A vivência afetiva e a violência doméstica contra os idosos*. Disponível em <http://www.mj.gov.br/senasp/biblioteca/artigos/artigo.doc.>. Acesso em: 02 de fev. de 2006.

COSTA, Renata. *Discussão da Violência: Pesquisadores da Unifesp e da USP se reúnem em simpósio*. Disponível em: <http://www.universiabrasil.net/ materia/materia.jsp?materia=8103 – 29k.>. Acesso em: 08 fev. 2006.

CRETELLA JÚNIOR, José. *Curso de filosofia do direito*; prólogo de Giorgio Del Vecchio. 10. ed. Rio de Janeiro, Forense, 2004.

DALLARI. Dalmo de Abreu. *Elementos de teoria geral do Estado*. 20. ed. São Paulo: Saraiva, 1998.

DEBERT, Guita Grin. *A Reinvenção da Velhice*: Socialização e Processos de Reprivatização do Envelhecimento. São Paulo: Editora da Universidade de São Paulo: Fapesp, 2004.

DI PIETRO, Maria Sylvia Zanella. *Discricionariedade administrativa na Constituição de 1988*. 2. ed. São Paulo: Atlas, 2001.

FREITAS, Jayme Walmer de. O Estatuto do Idoso e a Lei nº 9.099/95 . Jus Navigandi, Teresina, a. 8, n. 180, 2 jan. 2004. Disponível em: <http://jus2.uol.com.br/doutrina/texto.asp?id=4655>. Acesso em: 01 mai. 2006.

GOMES, Luiz Flávio. *O Estatuto do Idoso ampliou a conceito de menor potencial ofensivo*? Disponível em: <http://www.mundojuridico.adv.br/html/artigos/direito_processual_penal.htm> Acesso em: 14 jul. 2005.

GORCZEVSKI, Clovis. *Direitos Humanos*: dos primórdios da humanidade ao Brasil. Porto Alegre: Imprensa Livre, 2005.

GUSMÃO, Paulo Dourado de. *Introdução ao estudo do direito*. 11. ed. Rio de Janeiro: Forense, 1986.

HESSE, Konrad. *A Força Normativa da Constituição*. Tradução de Gilmar Ferreira Mendes. Porto Alegre: Sérgio Antonio Fabris Editor, 1991.

INSTITUTO BRASILEIRO DE GEOGRAFIA E ESTATÍSTICA. Perfil dos idosos responsáveis pelos domicílios no Brasil 2001/IBGE, Departamento de População e Indicadores Sociais. Rio de Janeiro: IBGE, 2002.

——. Síntese de indicadores sociais 2005/IBGE, Coordenação de População e Indicadores Sociais. Rio de janeiro: IBGE, 2006.. Disponível em: <http://www.ibge.com.br/home/presidencia/noticias/noticia_visualiza.php?id_noticia=207&id_pagina=1>. Acesso em: 12 nov. 2005.

JESUS, Damásio Evangelista de. et al. *Estatuto do idoso anotado*: Lei n. 10.741/2003: aspectos civis e administrativos. São Paulo: Damásio de Jesus, 2005.

——. Notas críticas a algumas disposições criminais do Estatuto do Idoso – Lei n. 10.741, de 1º de outubro de 2003. *Revista do Ministério Público*, Porto Alegre, n.52, p.231-234, jan/abr/2004.

JAPIASSÚ, H.; MARCONDES, D. *Dicionário Básico de Filosofia*. Rio de Janeiro: Jorge Zahar Editor, 1989.

JOLIVET, Régis. *Curso de Filosofia*. Cours de Philosophe. Tradução de Eduardo Prado de Mendonça. 9.ed. Rio de Janeiro: Livraria Agir Editora, 1968.

KANT, Immanuel. *Fundamentação da Metafísica dos costumes*. 2. ed. São Paulo: Abril Cultural, 1984, In: Os Pensadores.

LARANJA, Anselmo Laghi. Estatuto do Idoso: Ampliação e Alargamento dos Direitos Humanos na Sociedade Brasileiro. In: LEMOS, M. T.T.B.; ZAGAGLIA, R.A. (Org.) *A arte de envelhecer: saúde, trabalho, afetividade, Estatuto do Idoso*. Aparecida, SP: Idéias & Letras, 2004, p. 34 – 50.

LEAL, Rogério Gesta. Direitos Humanos e Humanismo: uma necessária integração. In: MEZZAROBA, Orides (Org.) *Humanismo Latino e Estado no Brasil*. Florianópolis: Fundação BOAITEUX, 2003, p. 317-336.

——. *Direitos humanos no Brasil:* desafios à democracia. Porto Alegre: Livraria do Advogado; Santa Cruz do Sul: EDUNISC, 1997.

——. Possíveis dimensões jurídico-políticas locais dos direitos civis de participação social no âmbito da gestão dos interesses públicos. In: ___. *Administração Pública e Participação Social na América Latina*. Santa Cruz do Sul: EDUNISC, 2005, p. 384-412.

——. *Teoria do estado*: cidadania e poder político na modernidade. 2. ed. Porto Alegre: Livraria do Advogado, 2001.

LOBATO, Alzira Tereza Garcia. Considerações sobre o Trabalho do Serviço Social com Idosos. In: LEMOS, M. T.T.B.; ZAGAGLIA, R.A. (Org.) *A arte de envelhecer: saúde, trabalho, afetividade, Estatuto do Idoso*. Aparecida, SP: Idéias & Letras, 2004, p. 11-19.

MAGALHÃES, José Luiz de Quadros de. Globalização e exclusão. *Revista de Direito Comparado*, Belo Horizonte, v. 1, n. 1, p. 99-111, jul. 1997.

MAURER, Béatrice. Notas sobre o respeito da dignidade da pessoa humana...ou pequena fuga incompleta em torno de um tema central. In: SARLET, I.W. (Org.) *Dimensões da Dignidade : Ensaios de Filosofia do Direito e Direito Constitucional*. Porto Alegre, 2005, p. 61-87.

MELLO, Celso Antônio Bandeira de. A democracia e suas dificuldades contemporâneas. *Revista de Direito Administrativo*, Rio de Janeiro, v. 212, p. 57-70, abr./jun. 1998a.

MELLO, Cláudio Ari. Os direitos fundamentais sociais e o conceito de direito subjetivo. In: ___. *Os desafios dos Direitos Sociais*. Revista do Ministério Público do Rio Grande do Sul. – 56. Porto Alegre: Livraria do Advogado. 2005, p. 105-138.

MODERNO, João Ricardo. Ontoestética do idoso. In: LEMOS, M. T.T.B.; ZAGAGLIA, R.A. (Org.) *A arte de envelhecer: saúde, trabalho, afetividade, Estatuto do Idoso*. Aparecida, SP: Idéias & Letras, 2004, p. 70-79.

MORAES, Alexandre de. *Direito constitucional*. 17. ed. São Paulo: Atlas, 2005.

——. *Direitos humanos fundamentais*. 2. ed. São Paulo: Atlas, 1998.

MORAES, Maria Celina Bodin de. O conceito de dignidade humana: substrato axiológico e conteúdo normativo. In: SARLET, I. W. (Org.). *Constituição, Direitos fundamentais e Direito Privado*. 2.ed. Porto Alegre: Livraria do Advogado, 2006, p. 107–150.

MORAES, Nilson Alves de. Santa Genoveva: Memórias do horror. In: LEMOS, M. T.T.B.; ZAGAGLIA, R.A. (Org.) *A arte de envelhecer: saúde, trabalho, afetividade, Estatuto do Idoso*. Aparecida, SP: Idéias & Letras, 2004, p. 117-131 .

MORAIS, José Luis Bolzan de. *Do Direito social aos interesses transindividuais*: o Estado e o Direito na ordem contemporânea. Porto Alegre: Livraria do Advogado, 1996.

MORENO, Denise Gasparini. *O Estatuto do idoso*: o idoso e sua proteção jurídica. Rio de Janeiro: Forense, 2007.

NÚCLEO DE INFORMAÇÃO AO IDOSO DO MS. Velhos sofrem violência em casa e nas ruas. Disponível em: «http://www.idoso.ms.gov.br/artigo.asp?id=50». Acesso em: 14 de set. de 2004.

OLIVEIRA JUNIOR, José Alcebíades de. Cidadania e novos direitos. In: *O novo em direito e política*. Porto Alegre: Livraria do Advogado, 1997.

——. *Humanismo e solidarismo para um Brasil melhor*. Porto Alegre: Associação Humanista do Estado do Rio Grande do Sul, 2001.

ORGANIZAÇÃO DAS NAÇÕES UNIDAS. Disponível em: http://www.onuportugal. pt/ body _com_eventos.html>. Acesso em: 10 ago. 2005.

PAIM, Paulo. Prefácio. In: SIQUEIRA, Luiz Eduardo Alves de. *Estatuto do Idoso de A a Z*. Aparecida, SP: Idéias e Letras, 2004.

PORTO, Pedro Rui da Fontoura. *Violência doméstica e familiar contra a mulher*: Lei 11.340/06: análise crítica e sistêmica. Porto Alegre: Livraria do Advogado, 2007.

RAMAYANA, Marcos. *Estatuto do Idoso Comentado*. Rio de Janeiro: Roma Victor, 2004.

RAMOS, A., M.; KAMIZONO, S.; FERNANDES, M. S. L.; XAVIER, F.; *Maus-tratos a idosos: relato de casos e comentários sobre as intervenções médicas*. Disponível em: < http://www. amrigs.com.br/revista/49-03/rc03texto.htm>. Acesso em: 08. fev. 2006.

RITT, Eduardo. *O Ministério Público como instrumento de democracia e garantia constitucional*. Porto Alegre: Livraria do Advogado, 2002.

ROUSSEAU, Jean-Jacques. *Discurso sobre a origem e os fundamentos da desigualdade entre os homens*. Apresentação e comentários de Jean-François Braunsteis. Tradução de Iracema Gomes Soares e Maria Cristina Roveri Nagle. Brasília: EDUnB, 1985.

——. *O Contrato Social*: Princípios de Direito Político. Tradução de Antônio P. Machado. Rio de Janeiro: Coleção Universidade de Bolso, Tecnoprint S.A, 1988.

ROSA, Ana Lucia Cardozo de Santa. O envelhecimento na Pós-Modernidade. In: LEMOS, M. T.T.B.; ZAGAGLIA, R.A. (Org.) *A arte de envelhecer: saúde, trabalho, afetividade, Estatuto do Idoso*. Aparecida, SP: Idéias & Letras, 2004, p. 21-33.

ROSANVALLON, Pierre. *A crise do Estado-Providência*. Tradução de Joel Pimentel de Ulhôa. Goiânia: Editora da UFG; Brasília: EDUnB, 1997.

RULLI NETO, Antonio. *Proteção Legal do Idoso no Brasil*: Universalização da Cidadania. São Paulo: Fiúza Editores, 2003.

SANTOS, Silvia Maria Azevedo de. *Idosos, família e cultura*: um estudo sobre a construção do papel do cuidador. Campinas, SP: Alínea, 2003.

SARLET, Ingo Wolfgang. *A eficácia dos direitos fundamentais*. 4. ed. Porto Alegre: Livraria do Advogado, 2004.

——. As dimensões da dignidade da pessoa humana: construindo uma compreensão jurídico constitucional necessária e possível. In:___. (Org.). *Dimensões da dignidade: ensaios de Filosofia do Direito e Direito Constitucional* . Porto Alegre: Livraria do Advogado, 2005. p. 13-44.

——. Dignidade da Pessoa Humana e Direitos Fundamentais na Constituição Federal de 1988. Porto Alegre: Livraria do Advogado, 2001.

SCHIRRMACHER, Frank. *A Revolução dos idosos*: o que muda no mundo com o aumento da população mais velha. Tradução de Maria do Carmo Ventura Wollny. Rio de Janeiro: Elsevier, 2005.

SERASA. Guia Serasa de orientação ao cidadão. Disponível em: <http://www.serasa.com. br/guiaidoso/99.html>. Acesso em 14 de set. de 2004.

SILVA, Jair Militão da. A consideração da Dignidade Humana como critério de formulação de políticas públicas. In: MARCÍLIO, M.L.; PUSSOLI, L. (Org.). *Cultura dos Direitos Humanos*. LTr, 1998, p. 195-198.

SILVA, José Afonso. *Curso de Direito Constitucional Positivo*. 8. ed. São Paulo: Malheiros, 1992.

SIQUEIRA, Luiz Eduardo Alves de. *Estatuto do Idoso de A a Z*. Aparecida, SP: Idéias e Letras, 2004.

TOURINHO FILHO, Fernando da Costa. *Comentários à lei dos juizados especiais criminais*. 2. ed. rev. e atual. São Paulo: Saraiva, 2002.

TRAMONTIN, Odair. Incentivos públicos e empresas privadas & guerra fiscal. Curitiba: Juruá, 2002.

WOLKMER, Antonio Carlos. *Ideologia, Estado e Direito*. São Paulo: Editora Revista dos Tribunais, 1989.

Impressão e Acabamento
Rotermund
Fone/Fax (51) 3589-5111
comercial@rotermund.com.br